다중운집 리스크와 이벤트 안전계획

貝辻正利(카이츠지 마사토시) 저
박남권, 김태환, 윤명오 역

도서출판 진영사

다중운집 리스크와 이벤트 안전계획

貝辻正利 (카이츠지 마사토시) 저

박남권, 김태환, 윤명오 역

2016년 09월 19일 초판 인쇄
2016년 09월 22일 초판 발행

발행인 박 진 영
발행처 도서출판 진영사
인천광역시 부평구 부평동 134-16 태승빌딩 4층
전화 : 032)505-4207
팩스 : 032)505-4206
E-mail : 0183734207@hanmail.net
등록 : 122-91-77317

ISBN 978-89-6541-290-8 93350
값 15,000원

한국의 독자들에게

고베대학교 도시안전연구센터 특별연구원
공학박사 카이츠지 마사토시

이벤트행사는 경제발전, 정보전달, 지역특성화 및 홍보 등의 다양한 목적을 가지고 진행되지만, 그 중에 특히 중요한 목적은 이벤트행사를 통해 사람들에게 즐거움과 행복을 주는 것일 겁니다. 그리고 이벤트행사의 실질적인 효과는 안전이 확보되어야 가능할 것입니다.

그러나 21세기에 들어 세계 각국의 이벤트행사에서 발생한 혼잡사고는 2001년 일본 아카시 불꽃놀이대회 혼잡사고(희생자 11명, 중경상자 247명)를 시작으로 캄보디아 브농펭 물 축제 혼잡사고(희생자 348명, 중경상자 600명 이상), 한국 판교 테크노밸리 혼잡사고(희생자 16명, 중경상자 15명), 2014년 중국 상하이 와이탄 혼잡사고(희생자 36명, 중경상자 47명), 대만 신베이시 분진 폭발사고(희생자 12명, 중경상자 516명 이상)가 발생하였습니다.

이벤트행사 혼잡사고는 사회적·경제적 손실보다도 즐거운 마음으로 참가한 사람들의 소중한 미래와 가족을 빼앗아가는 참담한 결과를 가져옵니다.

이벤트행사는 주최자 또는 의뢰 받은 기획자가 많은 사람들을 모아 개최하는 행사로 주최자와 기획자는 안전대책을 충분히 검토함으로써 안전을 확보하는 것이 가능합니다. 이러한 의미에서 이벤트행사 혼잡사고의 발생은 인재라고 할 수 있습니다.

따라서 주최자와 이벤트 기획자, 경비담당 등 이벤트관계자는 이벤트행사 내용과 안전대책을 종합적으로 검토하고 정보를 공유하는 것이 필요합니다.

본 책은 대규모 이벤트행사와 관련한 필자의 안전대책 실무경험과 군집유동에 관한 학술이론에 근거해 혼잡사고사례를 상세히 분석하고, 그 요인과 혼잡사고 발생 메카니즘을 밝혀 혼잡사고방지 방안을 도출한 실무서입니다.

일본에서는 이벤트관련 단체의 중앙조직인 이벤트학회, 이벤트산업진흥협회, 전국경비업협회 등 3자에 의한 공동연구를 1년간 개최하고, 이 책을 중심으로 한 안전대책을 각 단체의 회원기업에 보급하고 있습니다. 또한 대만에서도 번역서의 출판을 통해 이벤트행사의 안전대책을 추진하고 있습니다.

그리고 이번에 많은 분들의 도움과 노력으로 부족함에도 불구하고 번역서를 출판하게 되었습니다. 이벤트행사의 안전을 통해 많은 사람들이 즐겁고 재미있게 행사를 즐길 수 있다면 더 바랄 것이 없습니다. 본 책의 출판은 이벤트행사 안전대책의 시작에 불과하며, 이벤트행사 안전대책의 보급이 향후에 중요한 과제가 될 것입니다.

또한 최근 이벤트행사 안전사고의 특징으로 불특정다수를 겨냥한 IS(Islamic State)의 총격 및 폭파 사건이 다발하는 경향이 있습니다.

IS등 과격집단은 '글로벌 지하드'라 불리는 소수집단으로 다발형, 공격대상도 이벤트 등 비교적 경비가 허술하고 불특정다수가 모이는 소프트 타킷에 대해서 공격을 감행하고 있습니다.

2015년 프랑스 파리의 축구장과 레스토랑 등 습격사건(희생자 130명), 2015년 미국 나이트클럽 총격사건(희생자 49명), 프랑스 니스 불꽃놀이대회 트럭테러 사건(희생자 84명, 중경상자 202명)등이 전형적인 사고사례이며, 테러공격이 중동에서 유럽, 아시아 지역으로 확대되고 있는 것으로부터 자국의 과제로 인식하고 대응준비에 만전을 기할 필요가 있습니다.

특히 스포츠 및 기타 국제적인 이벤트행사를 개최하는 경우, 혼잡사고를 고려한 테러방지대책에 대한 단계별 안전대책이 대두되고 있는 실정입니다.

이벤트행사를 공격대상으로 삼는 테러에 대한 대책은 주최자만으로 대응할 수 있는 것이 아니라 국민과 정부 및 경찰·소방 등 민관이 협력하여 대처하는 자세가 필요합니다.

행사 주최자나 기획자는 관계기관과의 협력을 도모하면서 혼잡사고 방지에 관한 안전대책과 함께 테러대응 시큐리티에 관한 기본지식, 기본방안에 대한 이해가 필요합니다.

테러대응 시큐리티 대책은 혼잡사고 방지대책과 별도로 존재하는 것이 아니라 본 책에서 정리한 혼잡사고 방지대책과 연계하여 활용하여야 할 것입니다.

이 책에서 해설하지 못한 이벤트행사의 테러대응 시큐리티와 관련해서는 여러 연구자들과 협력해 연구를 진행하고 대책을 구체화시키고자 합니다.

그리고 여러분이 이벤트행사 안전대책에 관심을 가짐으로써 아시아지역에서 한국이 이벤트행사 안전의 최고 선진국으로 확고한 지위를 확립하기를 희망합니다.

2016년 9月

목 차

제1편 혼잡사고는 어떻게 발생하는가?
- 사고방지책을 확립하기 위한 원점 -

제2편 혼잡사고 직전의 위험은 왜 발생했는가?
- 아카시(明石) 카운트다운 2001 -

제3편 사고요인은 어떻게 예측하는가?
- 요인분석을 기초로 한 예측방법 -

제4편 행사장 적정평가는 안전대책의 출발점 - 전문분야의 경험과 지식의 결집 -

제5편 안전을 지키기 위한 기본적 방법 - 귀중한 교훈을 실전에 활용하기 -

제1편

혼잡사고는 어떻게 발생하는가?
- 사고방지책을 확립하기 위한 원점 -

제 1 편

혼잡사고는 어떻게 발생하는가?
- 사고방지책을 확립하기 위한 원점 -

본 편에서는 이벤트행사에서 다수의 희생자가 발생한 혼잡사고와 사고 직전 상황에 이르렀던 위험사례를 대상으로 군집체류발생과 확대과정, 고밀도 군집체류에서 발생하는 군집현상에 대한 종합적인 분석을 통해 혼잡사고가 발생하는 메커니즘, 군집체류의 위험성과 혼잡사고 요인에 대해 밝히고자 한다.

혼잡사고의 발생메카니즘에서 중요한 요소인 고밀도군집체류에서의 군집현상을 명확히 하기 위해 이 책에서는 다음과 같이 용어를 정의한다.

「군집」 이란 군중이 체류하거나 이동함에 있어서 집단화된 물리적 특성을 나타내게 되는 바, 이러한 경우 당해 집단을 뜻하는 용어로서 사용된다.

「고밀도군집체류」 란 이미 발생한 군집체류에 후속군집이 지속하여 유입됨에 따라 군집밀도가 8명/㎡에 이르게 되고 「군집파동현상」 이 발생하기 시작하는 단계를 말한다.

「초고밀도군집체류」 란 「고밀도군집체류」 상황에서 후속군집이 지속하여 유입됨에 따라 군집밀도가 10명/㎡ 이상으로 과밀화 되고 「한계군집파동현상」 으로 인해 혼잡사고로 이어질 가능성이 높은 군집체류를 말한다.

「군집파동현상」 이란, 「고밀도군집체류」 군집 내에서 발생하는 군집밀도[1] 및 군

---

1) 군집밀도는 「오카다 미츠마사, 요시다 가쓰유키, 카시와바라 시로, 츠지 마사노리 : 건축과 도

집압력[2] 분포의 차이로 인해 개개인의 의사와 관계없이 불안정하게 발생하는 군집의 「흔들림(진동, 요동)」 현상을 말한다.

「한계군집파동현상」이란 군집밀도 10명/㎡ 이상의 「초고밀도군집체류」 군집 내에서 발생하는 「군집파동현상」과 생명에 대한 공포심으로부터 집단과 개인의 위기회피행동(패닉)이 합쳐져 혼잡사고로 이어질 가능성이 높은 복잡한 군집의 「흔들림(진동, 요동)」을 말한다.

제1장 혼잡사고 발생메커니즘과 요인

혼잡사고 발생메커니즘과 그 요인을 밝히기 위해 다음의 이벤트행사 사례에 대해 분석한다.

1. 「제32회 아카시(明石)시민 여름축제」 (2001년 7월, 사망 11명, 중경상 247명)는 다수의 희생자가 발생한 사고로 이하 「아카시육교 혼잡사고」라 함.
2. 「독일·뒤스부르크 Love Parade」 (2010년 7월, 사망 21명, 중경상 500명 이상)는 다수의 희생자가 발생한 사고로 이하 「Love Parade 혼잡사고」라 함.
3. 「재팬·카운트다운 2001」은 혼잡사고 발생 직전의 「고밀도 군집체류」가 발생하였음, 이하 「아카시 카운트다운 2001」라 함.

시의 인간공학」에서 다음과 같이 정의하고 있다.
1㎡ 단위면적에 서 있는 사람의 인원수를 말함

$$\text{군집밀도} = \frac{\text{군집을 구성하고 있는 인원수(명)}}{\text{군집 점유면적(㎡)}}$$

2) 군집압력은 요시무라 히데히로가 다음과 같이 정의하고 있다.
- 군집압 : 벽면의 단위 길이(1m) 당 작용하는 힘(kg/m)
- 정면압 : 군집에게 한 방향에서 힘을 가했을 때 그 방향에 전해지는 벽면의 단위 길이(1m) 당 작용하는 힘(kg/m)
- 측면압 : 군집에게 한 방향에서 힘을 가했을 때 그 방향에서 횡방향으로 전해지는 단위 길이(1m) 당 작용하는 힘(kg/m)

4. 「고베 루미나리에」 (1995년~2000년)는 혼잡사고가 발생하지는 않았지만 「고밀도군집체류」 가 지속되었음. 이하 「고베 루미나리에」 라 함.
5. 기타 참고사례 : 「프놈펜 물축제 혼잡사고」 (2010년 10월, 사망 348명, 중경상 600명 이상), 「북경 바이허(白河) 불꽃놀이 대회 혼잡사고」 (2004년 2월, 사망 38명, 중경상 38명) 등.

<사례1> 아카시육교 혼잡사고(2001년 7월 21일)

1. 사고개요

2001년 7월 21일, 아카시 시내 오오쿠라(大蔵) 해안(그림1, 그림2)에서 10만명 규모의 인원이 참가하는 「제32회 아카시 시민 여름축제」 불꽃놀이 대회가 개최되었다.

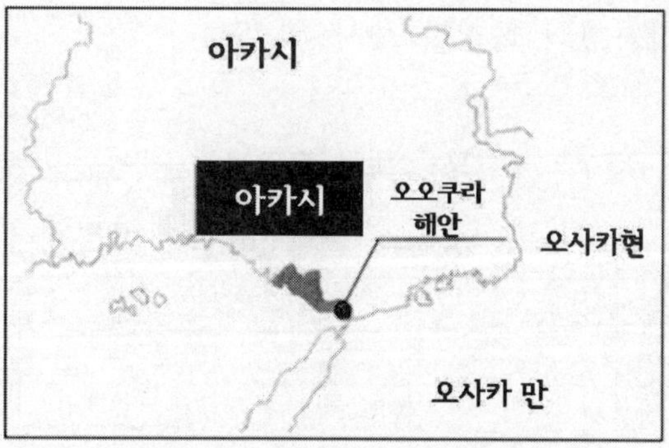

그림1. 오오쿠라 해안 위치도

불꽃놀이 대회 종료 직후, 행사장과 역 그리고 주변주택지를 연결하는 주요 접근경로인 아사기리(朝霧)육교의 남단부근에서는 불꽃놀이 관람 체류인원과 행사장으로 들어가려는 군집, 나가려는 군집이 지속적으로 유입됨에 따라 군집축적으로 인한 초과밀 현상이 발생했다.

이 때 군집밀도는 13명~15명/㎡에 달했으며, 군집한계 상황에서 군집파동현상인 군집설붕(群集雪崩[3]))에 의한 전도로 사망 11명, 부상 247명이 발생했다.

2. 행사개요

2001년 7월 21일 18~21시에 아카시 오오쿠라해안에서 아카시시민 여름축제 실행위원회가 주최하는 10만명 규모의 히가시 하리마(東播磨) 최대의 「제32회 아카시 시민 여름축제」가 개최되었다.

기존의 아카시 시민 여름축제 행사는 아카시 시내에서 개최되었으나, 아카시해협 대교와 아사기리육교가 완성되는 등 환경정비가 완료됨에 따라 처음으로 행사장 면적이 더 넓은 오오쿠라 해안으로 개최장소를 변경하여 개최하게 되었다.

아카시 시민 여름축제는 인기가 많은 축제로 예상 방문자수는 10만 명이상으로 예측되었다. 방문객을 대상으로 한 무료수박 증정, 노점상 180개 정도를 설치해 18~21시까지 3시간 동안 운영하고 마지막에 약3천발의 불꽃을 쏘아올리고 축제가 마무리되는 가족참가형의 화려한 행사였다(표1).

표1. 행사 프로그램

	18:00	19:30	20:30	21:00
수박 무료배부	←————→ (18:00~19:30)			
불꽃놀이		←————→ (19:30~20:30)		
야시장	←————————————→ (18:00~21:00)			

제32회 아카시 시민 여름축제 사고조사위원회 보고서(이하 '육교사고 조사위원회 보고'라 함.)의 추정에 따르면 방문자수는 혼잡약자(보통의 성인과 비교하여 상대적으로 이동이 신속하지 못한 유아부터 고령자)를 포함하여 약8만 명이었으며, 사고로 인한 사망자 11명 중 9명은 유아와 아이, 2명이 노약자였다.

3) 군집이 과밀하여 움직일 수 없는 상태일 때 균형이 무너져 서 있을 수 없게 되어 무너져 내리는 현상을 일컬음.

3. 행사장 개요 및 행사장까지의 접근방법

(1) 행사장 개요

행사장인 오오쿠라(大蔵) 해안(72,000㎡)은 남쪽과 동쪽에 바다가 위치하고 서쪽은 강, 북쪽은 국도 및 철도노선이 위치한 지형적 특성을 가지고 있다.

행사장인 오오쿠라(大蔵) 해안까지의 접근경로는 ① JR아사기리역(朝霧駅)에서 북측 주택가까지 직접 연결되는 아사기리 육교, ② 아사기리 육교에서 서쪽으로 약 1Km 지점에 위치한 오오쿠라 아사리기 육교, ③ 서쪽방향 약500m 지점에 있는 산요전철(山陽電鉄) 오오쿠라다니역(大蔵谷駅) ④ 행사장 서쪽에 위지한 주택지 등 4곳으로 한정되어 있다(그림2).

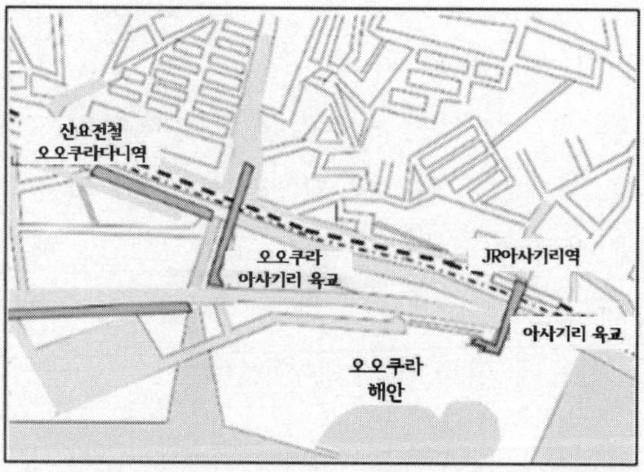

그림2. 오오쿠라(大蔵) 해안 및 주변도

(2) 아사기리(朝霧) 육교 개요

행사장까지의 주요 접근경로인 아사기리(朝霧) 육교는 길이 100m, 폭 6m로 측면은 벽으로 둘러싸인 폐쇄공간이다.

JR아사기리역(朝霧駅)에서 행사장으로 이동하기 위해서는 육교남단의 전망공간(75㎡)이 위치한 곳에서 서쪽방향으로 직각으로 돌아 폭 3m, 경사 약23°, 높이 약 1m의 난간이 있고 2개소에 약 6㎡의 층계참[4)]이 있는 48단의 계단을 이용하여야 하나 이는 군중의 유동에 있어 병목현상이 발생하기 쉬운 구조다(그림3, 그림4).

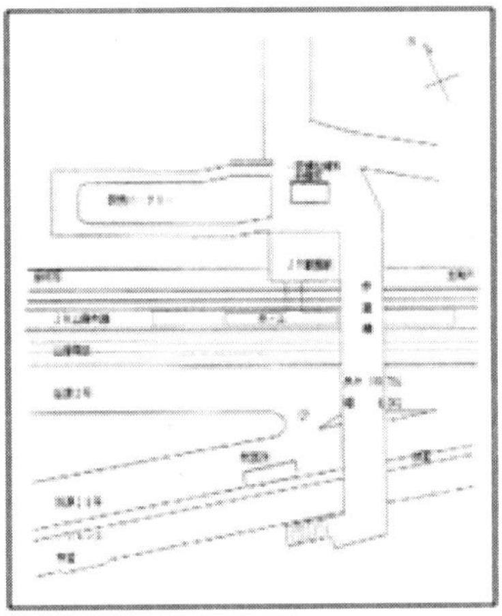

그림3. 아사기리 육교 평면도

그림4. 아사기리 육교 조감 사진

(3) 오오쿠라아사기리(大蔵朝霧) 육교

오오쿠라아사기리 육교는 행사장 서쪽에 위치하고 있는 국도와 JR전철, 산요전철의 선로 위를 지나는 약 150m의 과선교[5]로서, 폭이 약 8m인 왕복 2차선의 차도가 있다. 그 동쪽에 설치된 실효 폭 약 1.2m의 보도가 행사장으로 가는 접근경로이며, 육교남단은 국도 28호선의 교차점과 접하고 있어 행사장까지 이동하려면 편도 3차선의 차도를 신호에 따라 횡단해야 한다.

(4) 산요철도 오오쿠라다니역(山陽電鉄大蔵谷駅)

국도 1호선과 인접한 보도 옆에는 매표기와 자동개찰기(2열)가 설치되어 있으며 승강능력은 1,200인/h이나 보도 이외에 승강대기 공간을 확보하지 못하고 있다. 평소에는 무인역이지만 이벤트 등을 개최 할 때에는 역원이 배치된다.

(5) 행사장 서쪽 주택지 방면

행사장 서쪽에 위치한 주택지에서 접근하는 경로로 전술한 접근경로를 이용할

4) 〈건설〉 층계의 중간에 있는 좀 넓은 곳.
5) 자동차, 사람 등이 철도선을 건너기 위해 그 위에 가로 건너질러 놓은 다리

필요가 없다(그림2). 이 접근경로는 서쪽방향으로 약 3.5~4Km정도 이동하면 아카시 시내로 통하기 때문에 철도에 의한 혼잡을 피해 자전거나 도보로 행사장 방문을 하는 사람들에게도 이용된다.

4. 초고밀도 군집체류 형성

(1) 초고밀도 군집체류 형성과정

「사고조사위원회 조사 보고」를 바탕으로 군집체류의 형성과정을 요약하면 다음과 같다.

1) 혼잡사고 발생 전후인 20:00~20:50 사이 육교 통행자 수 : 육교 유입 1,983명/min, 계단 유출 1,500명/min (기술해석)
2) 사고발생 당시 육교 위 체류자 : 약 6,400명 (기술해석)
3) 사고발생 시 집단밀도 : 13명~15명/㎡로 추정 (기술해석)
4) 고밀도 군집체류 형성과 관련된 증언
   ① 「오후 7시 50분쯤 불꽃놀이가 시작되자 육교의 중앙부분에 위치하고 있던 군중들은 이동을 멈추었고, 뒤에 위치한 사람들은 행사장 쪽으로 조금씩 이동을 하려고 했지만 이동할 수 없는 상황에서 “불꽃놀이가 시작했잖아. 빨리 가라” 등의 화난 목소리가 들려오고 사람들 사이의 간격이 좁아졌다.」
   ② 「오후 7시 45분쯤 육교에 도착하였지만 인파로 인해 행사장 쪽으로 나아가기가 쉽지 않았다. 육교의 중간부분에 도달하였을 때 육교 위의 상황은 만원버스와 동일한 상태가 되었고, 육교남쪽의 5~6m부근에서는 인파에 의한 압박으로 인해 호흡이 곤란했으며…….」
   ③ 「불꽃놀이가 진행되는 동안 멈추어 서서 불꽃놀이를 보고 있었다. 불꽃놀이가 끝나고 모두가 움직이고…….」

이러한 「초고밀도 군집체류」는 유출군중과 유입군중에 의한 역류, 폭6m의 육교에서 행사장으로 직접 연결되는 폭 3m의 계단으로 향하는 군중유동 병목현상에 의한 군집체류, 그리고 전망공간에서 불꽃놀이와 경치를 관람하려는 체류인파에 의해 통행로가 축소되면서 발생하였다.

또한 군집유동이 차단되었음에도 불구하고 체류군집에 유출군집과 유입군집이 지속적으로 발생하여 군중누적에 따른 '가중밀도현상'이 발생하여 체류군중이 「초과밀화」 되었던 것으로 추정된다(그림5).

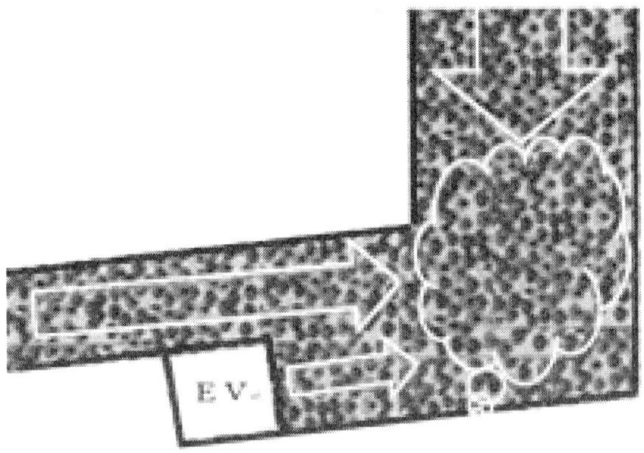

그림5. 고밀도화 현상발생 형태

(2) 「초고밀도 군집체류」에서의 군집현상과 전도(顚倒)사고의 발생

초과밀화 된(밀도 13명~15명/㎡)군집 내에서 개인의 의사와 관계없이 군집밀도와 군집압력의 분포차이로 인해 수차례의 「인간해일」이 발생했다. 또한 대피장소가 없는 육교 내에서는 공포심 때문에 개인과 집단의 위기 회피 행동(패닉)이 발생했다.

1) 군집의 고밀도화

육교 위에서 불꽃놀이의 관람체류, 행사장으로의 유입, 행사장에서의 유출 등이 교착하고 특히 군집이 계속적으로 유입되어 고밀도화가 가중되었다는 다음과 같은 증언이 있다. '조금 나아가다 멈추기를 반복했으며, 점점 괴로워지기 시작했다.'

2) 군집파동현상의 발생

전도사고가 발생하기 직전 사고 장소에서는 흔들림을 동반한 수차례의 「인간 해일」 현상에 대해 다음과 같은 증언도 있다.

① '남북방향으로 1~2회 크게 흔들렸고, 마지막으로 남쪽방향의 강한 흔들림에 의해 사람들이 밀리면서 2~3m 앞으로 밀려나가...'

② '사고현장의 동쪽에 있었다. 남쪽방향으로 인간해일로 인해 5회 정도의 흔들림이 생기더니 사람들이 전도되는 사고가 발생했다.'

③ '사고발생 전에 육교의 지붕으로 올라갔다. 지붕 위에서 아래의 육교내부를 살펴보니 3곳 정도에 사람 한명 정도의 여유 공간이 있었다. 군집의 흔들림은 주로 남북 방향으로 20°~30° 정도였으나 좌우로도 흔들리고 있었다.'

3) 개인 및 집단의 위기회피행동

육교 지붕(피난소) 위로 올라간 몇 명의 사람들이 손수건 등을 흔들며 역방향으로 돌아가라고 신호를 보내는 유도행위를 실시하는 등 패닉과 관련해 다음과 같은 증언이 있었다.

① '사람들이 전도되기 전에 "돌아가" 등의 외침이나 비명으로 인해 상당히 혼란스러운 상황이었으며, 주면사람들의 압박으로 인해 점점 괴로워지기 시작했다.'

② '"역으로 돌아가", "해안으로 돌아가" 등의 고함소리가 들렸고, 피난소(육교의 지붕) 위에서 전철역 쪽으로 방향을 가리키면서 "돌아가" 라고 소리치고....'

③ '구조를 요청하는 목소리와 피난방향을 가리키는 소리 등으로 인해 현장은 상당히 혼잡한 상황이었다.'

④ '쓰러지기 전부터 역 쪽의 사람들과 바다 쪽의 사람들이 양쪽에서 밀려와 몸을 전혀 움직일 수 없는 상태였으며, 비명소리와 아이들의 우는 소리가 들렸다.'

⑤ '군집 가운데서 방향 불명의 "돌아가"라는 외침이 터져 나왔다. 또한 몇 명은 육교외부에 설치되어 있는 육교점검용 통로로 대피하는 등의 개인의 위기회피행동도 있었다(그림6).'

⑥ '사람과 난간 사이에 끼어서 움직일 수가 없었으며, 발밑으로 쓰러져 얼굴이 하얗게 질린 사람이 보였다. 피난소 바깥쪽에 있는 관리용 통로로 빠져나왔다.'

4) 전도사고의 발생

불꽃놀이 종료 직후, 폐쇄적 구간인 육교남단 부근에 초과밀한 군집으로 인해 인간해일이 발생하고 개인과 군중은 패닉을 일으켰다. 이에 따라 「한계군집파동」에 의한 군중들의 전도(군집붕괴) 등 혼잡사고가 발생하였다(그림7).

① 전체적으로 큰 흔들림(인간해일)이 일어났고 군중들이 쓰러지기 시작했다.

② 바다 쪽의 군중들의 흔들림에 의한 강한 압력으로 인해 내장이 튀어 나올 것 같았으며, 바닥에서 발이 떨어지고 슬로우 모션처럼 바다 쪽으로 기울어져 갔으며, 바다 쪽으로 튕기듯이 날아가 버렸다. 그리고 젊은 남자 아래쪽에 얼굴이 하얗게 질린 아들이 쓰러져 있었다.

그림6. 육교점검 통로

그림7. 사고현장과 전망공간

5) 「초고밀도 군집체류」 상태에서의 군집밀도와 압력

'육교사고 조사위원회' 보고에서는 군집유동에 대한 해석결과를 근거로 밀도와 압력에 대해 다음과 같이 추정하고 있다.

① 사고발생 시의 군집밀도는 13~15명/㎡, 압력은 진행방향 400kg/㎡, 난간방향 158kg/㎡

② 군집밀도와 압력의 관계 - 밀도 13명/㎡일 때 300kg/㎡, 밀도 14명/㎡ 일 때 400kg/㎡, 밀도 15명/㎡일 때 540kg/㎡

③ 측면압력은 육교측벽에 있는 스테인리스제(製) 직경 3.4cm, 지지판 간격 1.4m의 난간이 6~9cm정도 외측으로 휘어질 정도로 강력했었다(그림8).

그림8. 육교남단 동쪽난간의 굴절

5. 아카시육교 혼잡사고의 군집체류형성과 군집현상

(1) 방문자 예측과 실태

방문자는 10만 명을 초과할 것으로 예측하였으나, 사고 조사위원회의 사고당시 방문자 추정치는 약 8만 명이다.

(2) 행사장지형과 접근로의 구조물 조건

행사장은 7,200㎡ 규모로 상당히 넓은 지역이나 바다와 철도 등으로 둘러싸여 있어 행사장으로 통하는 접근경로가 「아사기리 육교」를 포함해 4곳에 불과한 폐쇄적인 지형으로 접근경로는 한정적이었다.

또한 주요행사장 접근경로인 육교는 폐쇄공간이나 육교와 전망대공간에서 행사장전체에 대한 조망이 가능했고, 행사장으로 연결되는 계단은 육교 폭의 절반에 불과하여 다수의 군집유동은 불가능한 구조였다.

(3) 「초고밀도군집체류」의 형성

전망공간에서 방문객들의 관람에 의해 육교위에 군집체류가 발생한 상황에서 후속하여 유출입 군집이 지속적으로 발생함에 따라 「초고밀도군집체류」가 형성되었다.

(4) 「한계군집파동현상」의 발생

군중파동현상과 더불어 통제되지 않은 유도행위와 명확한 방향을 제시하지 않고 "돌아가"라고 부르짖는 외침, 육교 외의 점검도로로 대피하는 개인과 집단의 위기 회피행동(패닉)이 확인되었으며, 주변에서 수차례의 「인간 해일」 현상이 발생한 후 군집이 전도되는 사고가 발생했다.[6)]

(5) 군집밀도와 압력

군집밀도는 13~15명/㎡으로 진행방향에 대해서는 400kg/m, 측면방향(난간)으로는 158kg/m의 강한압력이 발생했을 것으로 추정된다.

<사례2> Love Parade 혼잡사건(2010년 7월)

1. 혼잡사고의 개요

독일 뒤스부르크에서 개최된 Love Parade[7)] 행사장으로의 접근도로에서 유입군집과 유출군집이 교착역류(交錯対向流)[8)]하여 정면으로 충돌하는 상태가 발생하면서 체류가 발생하였다. 「초고밀도군집체류」 하에서 동반된 복잡한 「한계군집파동현상」 때문에 전도와 압박에 의해 사망자 21명, 부상자 500명 이상이 발생한 혼잡사고이다.

「초고밀도군집체류」 중 「한계군집파동현상」으로 인해 발생한 이 혼잡사고의 발생과정을 주최 측이 제공한 YouTube영상, 사고현장목격담 및 행사 관계자에 대한 인터뷰를 바탕으로 분석한 결과는 다음과 같다.

---

6) 제 32회 아사기리 시민 여름 축제 육교 내 영상
www.pideo.net/video/pandora/3ec1db6c22656f0c/

7) Love Parade개요
동·서독의 장벽 붕괴를 기념해 시작된 "사랑의 음악" 행사로서 각 도시 순회 형식으로 년 1회 개최되어 왔다. 2010년에는 뒤스부르크에서 개최되었지만 혼잡 사고가 발생하여 향후 개최는 중단되었다.

8) 교착 역류(交錯対向流)
대향 군집 유동에는 유도에 의해 분류화된 유동과 분류화되지 않아서 도로 전반에서 교착하는 유동이 있다. 후자를 교착 역류라 칭한다.

2. 이벤트 개요

Love Parade는 동·서독의 장벽붕괴를 기념하여 개최 된 “사랑의 음악”행사이다. 제1회는 베를린에서 개최되었으며 이후 각 도시를 순회하는 형식으로 연1회 개최되어왔다. 각 행사장에서 방문자수는 약 150~200만 명으로 발표되었으나 정확한 수치는 확인되지 않고 있다. 2010년 뒤스부르크에서 개최된 이벤트의 개요는 다음과 같다.

(1) 이벤트의 내용과 형태

이벤트행사는 DJ가 일정한 장소에 상주하여 음악을 들려주는 체류형 음악연주[9]와 플로트[10] 15대(차량)가 이동하며 음악을 들려주는 순회형 음악연주가 혼재된 형태였으며, 흥분한 다수의 관객이 상반신을 탈의하고 춤을 추고 있었다(그림9, 그림10).

그리고 You Tube 영상을 확인해 보면 DJ연주는 화물역 쪽에 폐쇄된 건축물의 북쪽 2층과 특설무대에서 이루어졌고, 본부석과 폐쇄건축물 사이에 관객들의 군집 밀도는 육안 상으로도 4~5명/㎡에 달하고 수천 명이 음악에 맞추어 춤을 추는 모습을 확인할 수 있었다.

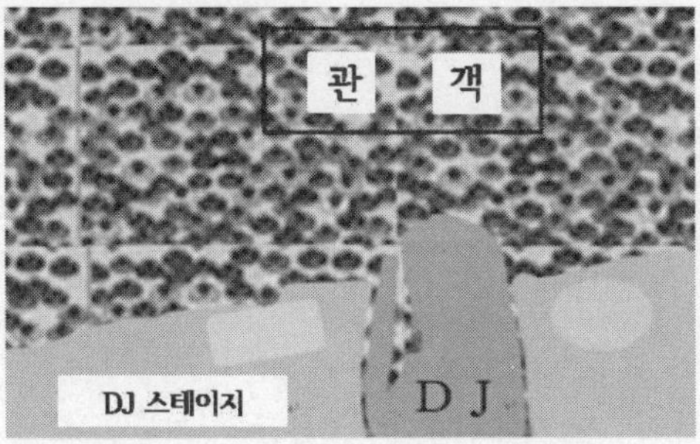

그림9. DJ공연 스테이지와 관객

그림10. 플로트 순행과 관객

---

9) D J 행사장 풍경
Monika Kruse auf der Abschlußkundgebung der Love Parade 2010

10) 플루트 순회
http://www.loveparade.ro/loveparade-2
(축제 때 끌고 다니는) 장식 수레 또는 트레일러.

DJ가 상주한 행사장에서는 다수의 관객들이 모여서 춤을 추고 있는 상황이었으며, 주변에는 플로트를 장식한 트럭 15대 위에서 음악에 맞추어 댄서가 춤을 추고 있었다. 여기에 맞추어 춤을 추던 관객들은 DJ 연주 행사장을 가로지르는 등 두 개의 음악연주 형태가 혼재되어, 행사장 내 관람객의 이동이 어려운 상황이었다.

더욱이 본 행사는 7시간 동안(오후 1시~오후 8시) 진행하는 것으로 기획된 전형적인 관객 혼재형 이벤트행사로 행사의 성격 등을 고려했을 때 행사장 내부가 혼잡하여 군집유동 체류가 쉽게 증가하는 형태이다.

(2) 이벤트 행사장 개요

이벤트 행사장은 과거 사용되었던 화물역 자리로 남북으로 약 900m, 동서로 약 230m 규모이며, 중앙에 위치한 역사(駅舎)건물을 제외한 주변면적은 약 80,000 ㎡ 이다(그림11).

행사장 주변으로 동쪽은 철도선로, 서쪽은 고속도로가 위치하며 출입구는 3곳이 있었다. 그러나 북쪽 도로는 행사관계자만 통행이 가능하도록 통제하여 관람객들의 출입구는 남쪽에 위치한 도로만 사용할 수 있었으므로 상당히 폐쇄적인 행사장이었다.

(3) 행사장까지의 접근경로

행사장까지의 접근경로는 인근 역에서 동·서쪽의 유도도로(각 약 2Km)로 설정되어 있었다. 유도도로는 터널(폭 18m)안에서 합류하여 터널 안 삼거리에서 완만한 언덕을 지나 행사장으로 이어져 있다(그림12).

행사장 접근경로는 (구)화물운반차량 전용도로에서 폭 25m, 길이 약 115m, 최대 높이 8m의 측벽으로 둘러싸인 폐쇄적인 도로(이하, '주접근로'라 함)와 폭 18m, 길이 약 130m, 최대 높이 8m의 콘크리트 측벽으로 둘러싸인 폐쇄적인 도로 (이하, '부접근로'라 함) 2곳으로 한정되어 있다.

행사장 북쪽에 직근역과 연결되는 도로가 설치되어 있었지만, 이벤트 관계자 전용도로로서 관람객은 사용하지 않았다.

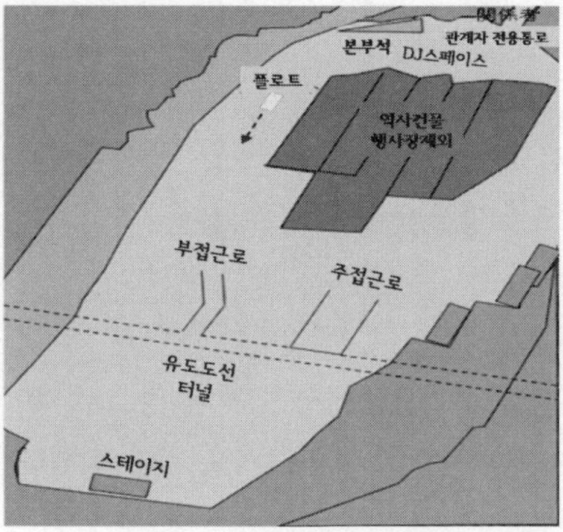

그림11. 행사장 전체 약도

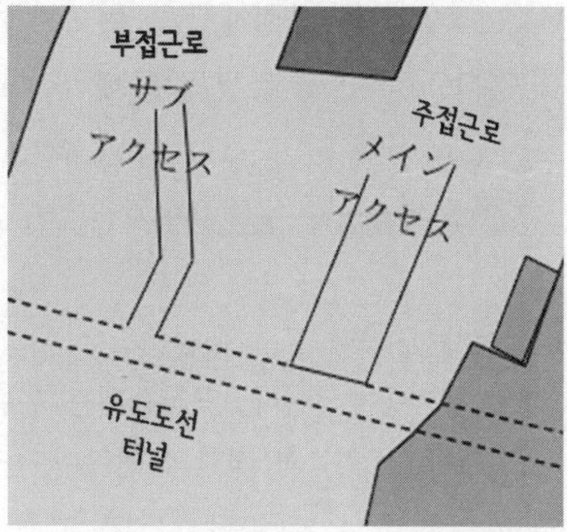

그림12. 행사장 입구 도선 약도

3. 「초고밀도군집체류」의 형성과 혼잡사고 발생상황

Love Parade 주최자인 시의 정부발행문서[11]와 이벤트 관계자를 대상으로 한 인터뷰 결과를 바탕으로 「초고밀도 군집체류」 형성과정에 대하여 다음과 같이 추정해 볼 수 있다.

- 주최측과 경찰은 행사장 내의 군중들의 체류가 포화상태가 되면 유도로에서 진입을 통제하기로 합의가 되어 있었다.
- 15시경, 관객들의 체류가 포화상태가 되었으며, 주최측은 경찰에게 유도로의 통제를 요청했다.
- 주최측과 경찰의 현장책임자 간에 연대·협력에 약 45분이 소요되었다.

경찰이 통제를 시작한 시점부터 「초고밀도 군집체류」가 발생되기까지의 영상을 주최측이 You Tube에 게시한 자료를 바탕으로 혼잡사고로 이어지는 과정을 분석한 결과는 다음과 같다.

11) Love Paradeデユイスブルク市政府報告
http://www.mik.nrw.de/themen-aufgaben/schuz-sicherheit/gefahrenabwehr-feuerwehr-katastrophenschutz/grossveranstaltungen/loveparade-2010.html

(1) 「초고밀도 군집체류」 형성과정

1) 경찰의 유도 도로 진입통제

주최측 요청에 따라 16시 30분경, 유도선 3곳에 경찰통제선 ①~③까지를 설정해 군집의 진출입을 통제하였으며, You Tube 영상에서 확인 가능한 이미지는 그림13과 같다.

경찰통제선 ①과 ②는 유입군집에 대한 정지통제선이며, 경찰통제선 ③은 유출군집에 대한 정지통제선이다. 경찰통제는 이벤트행사장 접근로에서 이격된 장소로 예정되어 있었지만, 주최측과 경찰의 연락이 늦어져 결과적으로 그림13의 위치가 되었다.

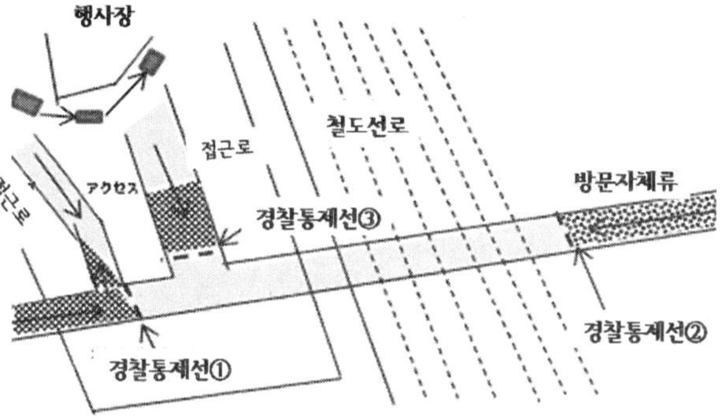

그림13. 경찰통제선의 위치

그림14의 경찰통제선③의 체류상황은 경찰통제선 ①과 ②의 유입군집을 정지시켜 행사장으로의 유입체류는 적지만 행사장을 벗어나려는 유출체류는 큰 상황이었다(그림 14).

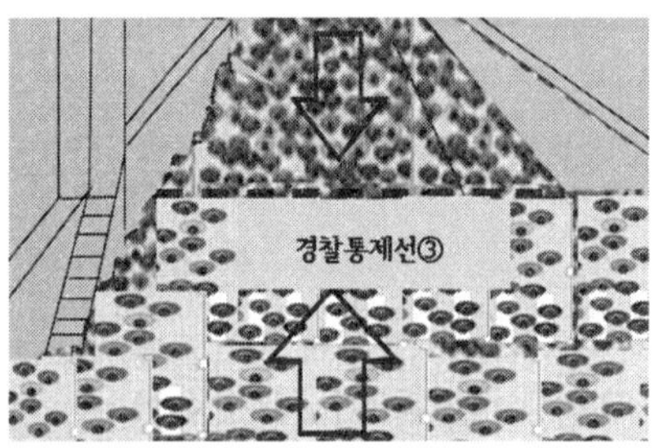

그림14. 규제 개시 당시(제③통제선) 부근의 군집상황

이후 경찰통제선②가 군집압력에 의해 붕괴되고 방문객들은 경찰통제선③ 부근으로 집중되는 상황이 영상으로 확인되었다.

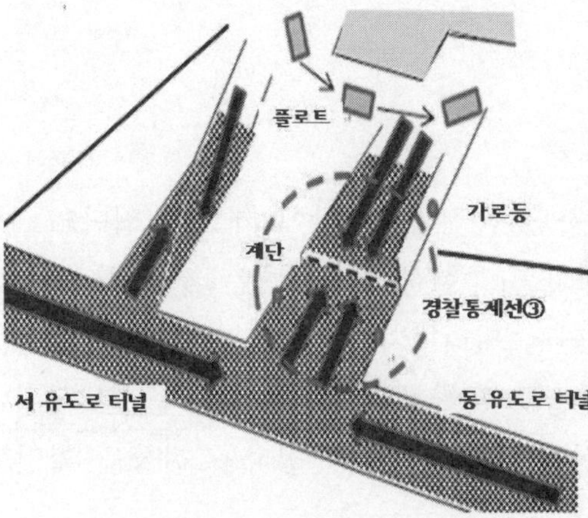

그림15. 행사장 접근로

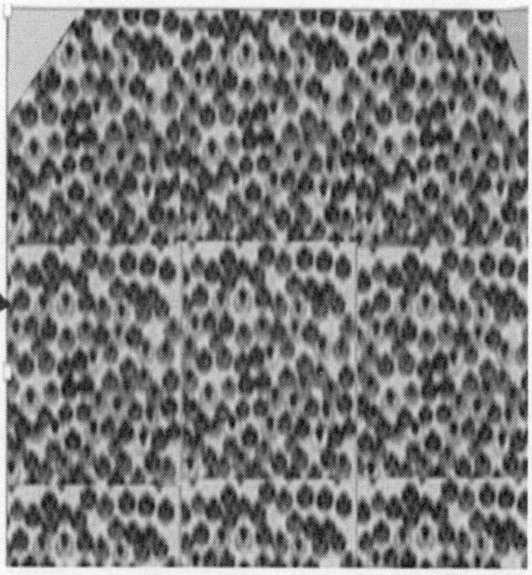

그림16. 경찰통제선③ 부근의 군집 상황

2) 「초고밀도 군집체류」의 형성

주최측은 경찰에 유도도로의 통제요청을 하였으나, 경찰책임자와 연락이 지연됨에 따라 경찰의 통제활동 개시가 상당히 늦어졌으며, 이로 인해 경찰의 통제는 16시경에 실시되었다(유튜브 해설).

이벤트 개최 3일전 경찰이 시당국에 제출한 자료에 따르면, 주최측과 소방의 연락요원은 파견되어 있었으나 구체적인 연락체계는 불명확했다.

16시 15분경, 경찰에 의한 유출군집 통제선③은 정상적으로 유지되고 있는 상황이었으나, 유입안내 통제선②가 해체되면서 붕괴되어 행사장으로 직결되는 접근로인 경찰통제선③으로 방문객이 집중되었다(그림15, 16).

그 후, 도로전면에서 유출군집과 전면 충돌하는 형태의 체류가 발생하였고 지속적으로 유입군집이 발생함에 따라 밀도 10인/㎡이상의 군집체류가 형성되었다(그림16).

「초고밀도 군집체류」의 발생부터 전도사고의 발생까지 체류가 지속된 시간은 약 27분이었으며, 경찰통제 개시부터 전도사고가 발생하기까지는 약 37분이 소요되었다.

전도사고가 발생한 16시 14분경, 경찰통제선③ 부근의 「초고밀도 군집체류」 상황은 그림16과 같으며 약 33,000명, 밀도 11인/㎡이상으로 추정된다.

(2) 「초고밀도 군집체류」 상황에서 「한계군집 파동현상」

주최측이 You Tube에 게재한 영상 중 행사장으로 향하는 접근로를 촬영한 고정카메라의 영상을 통해 4초간(16시 40분 32초~36초)의 「한계군집파동현상」을 분석한 결과는 다음과 같다.

1) 「한계군집 파동현상」의 특징

영상분석 결과, 10인/㎡이상에 도달하면 군집파동현상에 개인과 집단의 위기회피 행동까지 더해져 복잡한 「한계군집파동」 현상이 발생하는 것이 확인되었다.

우측방향으로 크지만 느리게 요동치면서 밀려나가는 것과 같이 다른 군집을 좌측으로 흔들었고 기울어진 상태에서 옆으로 흔들리기도 하는 등 복잡한 상황 속에서 군중의 공포심이 높아져 제어불능상태에 빠진 한계군집파동 현상을 확인할 수 있다(그림17).

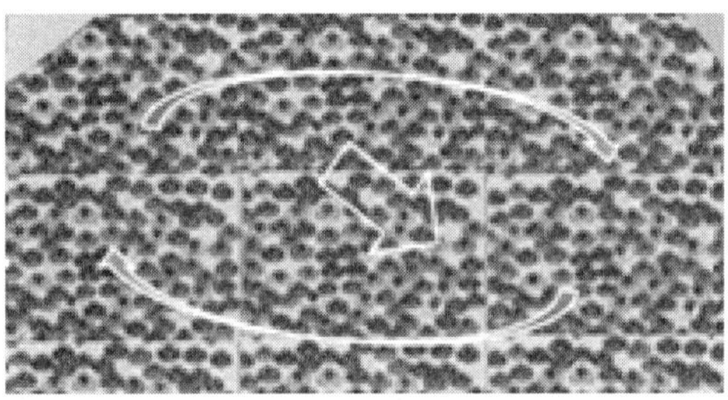

그림17. 군집파동현상방향(그림16.의 작도)

2) 군집 내의 밀도변동 상황

행사장으로 향하는 접근로의 양쪽은 콘크리트 벽으로 둘러싸여 군중들은 서쪽의 점검용 계단(폭 76㎝)으로만 탈출할 수 있었다.

이러한 구조를 배경으로 고밀도 군집체류에서 한계군집파동현상의 발생요인으로 작용하는 밀도의 변동을 분석하기 위해 1㎡의 격자로 나눠 고정카메라가 촬영한 영상 중 4초간의 영상을 2초씩 나누어 밀도를 계측하였으며, 그 결과는 다음과 같다.

① 군집밀도의 변동 상황

초고밀 군집체류 내에서 발생하는 한계군집 파동현상에 관한 영상을

- 대략 1㎡ 마다 군집밀도 10인/㎡ 이상
- 밀도 8인/㎡ ~ 밀도 9인/㎡
- 밀도 8인/㎡ 이하

의 3단계로 분류하고 밀도변동 상황을 분석하였다. 분석결과, 외견상으로 행사장 쪽의 군집이 크고 더디게 우측으로 흔들렸고, 이에 반동하듯 또 다른 군집은 좌측으로 흔들렸다. 그리고 양군집의 중앙에 위치한 군집에 의해 대각선 우측 아래 방향으로의 흔들림이 발생하였으며, 밀도 10인/㎡ 이상의 범위가 크게 확대해 가는 상황을 확인할 수 있다.

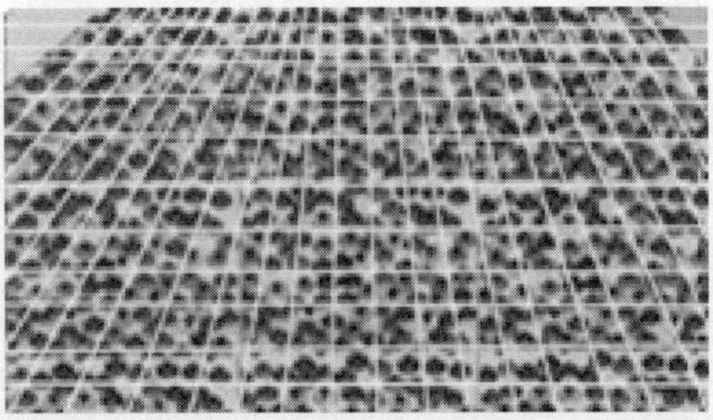

그림18. 약 1㎡간격의 군집밀도 상황(그림16.의 작도)

군집밀도의 변동상황은 그림19와 같다.

(1) 16시 40분 32초 → (2) 16시 40분 34초 → (3) 16시 40분 36초

■ 밀도 10명 이상/㎡ □ 밀도 8~9명/㎡ □ 밀도 8명/㎡ 이하

그림19. 군집밀도 변동 영상분석

② 개인의 이동상황 영상분석

개인의 이동상황 영상을 근거로 이동상황을 분석하면 군집 내 대략 1㎡ 범위에서 각자가 우회전, 좌회전하거나 각각의 위치별로 좌우로 횡이동을 하는 것을 알 수 있다(그림20).

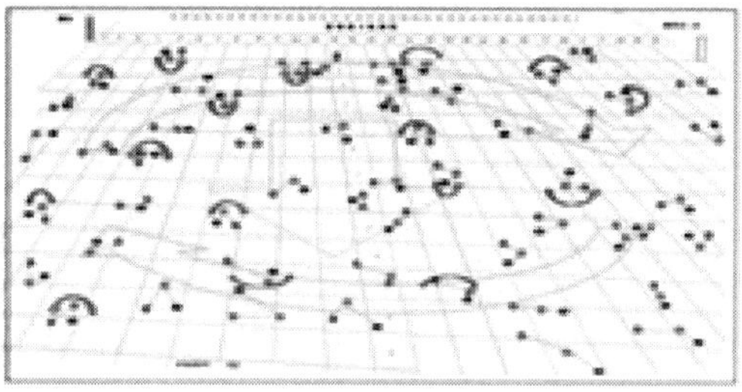

• 16시 40분 32초 • 16시 40분 34초 • 16시 40분 36초

그림20. 개인 이동 계측도 영상분석

3) 집단 및 개인의 위기회피 행동

군집밀도 대략 10명/㎡ 이상의 「초고밀도 군집체류」 상황에서는 군집 상호간의 구조 활동, 무절제한 유도행위에 따른 집단행동, 개인의 위기회피 행동(패닉)이 발생하며, 이러한 것들은 군집파동 현상을 복잡하게 만든다.

① 집단 위기회피 행동

「초고밀도 군집체류」가 발생한 행사장 접근로는 계단 부근이 높이 약 7m의 외벽에 둘러싸여 있고 군집의 대피경로는 폭 76cm인 계단뿐이다.

군집 내에서는 「초고밀도 군집체류」에 의한 한계군집파동과 생명의 위험으로부터 피하려는 무절제한 유도행위, 계단부근에서의 구조 활동과 서로 먼저 대피하려는 행동, 전신주(가로등) 위로 오르는 행동 등의 위기회피 행동이 발생했고 이러한 행동들은 군집파동현상을 더욱 복잡하게 만들었다(그림21).

영상을 보면 고밀도 군집체류 상황에서의 간판, 수납고(컨테이너) 등으로의 대피행동을 관찰할 수 있었고, 특히 전도사고가 발생한 계단 아래에서는 구조 활동과 계단을 향한 위기회피 행동이 넓은 범위에서 확인된다.

② 개인 위기회피 행동 사례

You Tube영상을 보면, 「초고밀도 군집체류」 상황에서 전신주에 오르거나 체류 군중의 머리 위로 올라가 헤엄을 치는 것과 같은 행동으로 계단 쪽으로 향하는 등 평상시에는 하지 않았을 특이한 개인회피행동을 확인 할 수 있다.

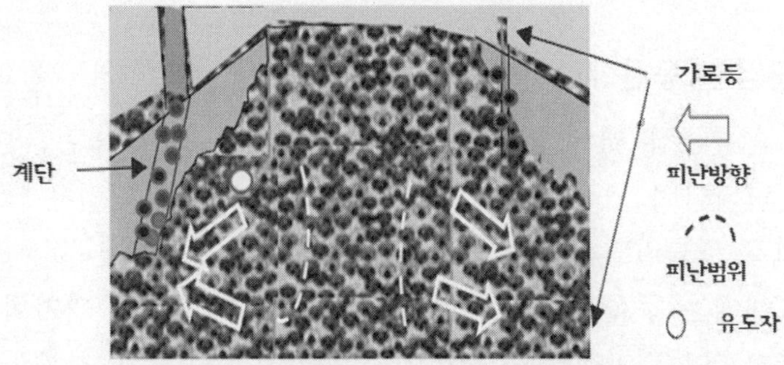

그림21. 군집의 도피방향과 범위(위기회피 행동 이미지)

「초고밀도 군집체류」 상황에서 복잡한 「한계군집 파동현상」의 결과, 16시 41분 경 계단 아래에서 전도사고가 발생했다(※ 군집의 패닉 상태는 You Tube에서 영상으로 확인 가능).

4. Love Parade 군집체류와 군집현상 정리

(1) 행사장 접근로의 체류인원 추정

행사장 접근로 영상의 계측으로 군집체류인원을 추정한 결과, 면적 약 35,000 ㎡, 평균밀도 11명/㎡로 약 33,000명 이상의 인원이 있었던 것으로 파악되었다.

(2) 고밀도 군집체류 계속(지속)시간

경찰통제선③ 부근에서 발생한 초고밀도 체류에 대해 영상을 확인한 결과, 16시 20분 경 부터 고밀도화가 시작되어 군중들이 넘어지기까지 약 21분간(16시20분~16시41분 경) 계속되었다.

(3) 군집밀도

군집체류의 발생은 경찰통제선②가 붕괴됨에 따라 행사장 접근로 전면에서 군집 간 정면충돌 상태에서 발생했다. 또한 28분의 시간이 경과하는 사이에 후속 군집이 계속하여 밀려들어 고밀도화·고압력화가 진행되면서 평균 군집밀도는 11명/㎡(추정치)에 이르렀다.

(4) 「한계군집 파동현상」의 특징

1) 초고밀도 체류군집 내에 외견상으로 군집전체에 크고 느린 「한계군집 파동현상」이 나타나며 군집파동의 현상 내에 개개인의 움직임은 1㎡ 안에서 좌우로 회전하고 뒤틀리면서 면이동과 횡이동 현상을 보인다.
2) 체류군집 내에는 무절제한 유도행위와 집단적, 개인적인 위기회피행동이 나타나고 체류시간이 길어질수록 불안감이 증폭하여 집단 내에 패닉이 발생한다.
3) 혼란스러운 상태에서 군중들을 유도하는 등 정확한 정보의 전달이 불가능한 상태였다는 증언도 있다.

(5) 「한계군집 파동현상」 발생

행사장으로 들어가는 접근로 구조는 계단 부근이 폭 약 25m, 높이 약 7m의 콘크리트 벽이어서 대피가능한 수단은 폭 약 75cm의 계단밖에 없었던 폐쇄적인 공간이었다.

고밀도화 된 군집 내에서 군집 내 공포에 의한 고함과 비명, 군집의 머리 위를 헤엄치는 것과 같은 모습으로 회피하려는 행동, 전신주를 이용한 회피행동 등 평상시였다면 하지 않았을 이상행동[12]과 함께 패닉이 발생하였다.[13][14]

또한 군집 내에서 패닉과 군집밀도의 압력분포 차이로 인해 군집 유동 한계인 한계파동현상이 발생하고 이로 인해 군중이 넘어지고 다치는 혼잡사고가 발생했다. Love Parade의 군집현상에 대해 정리해 보면 다음과 같다.

---

12) 개인의 도피행동(패닉)
Loveparade 2010 Disaster FullHD Part 6

13) 계단 밑 패닉
Google Love Parade2010

14) 전신주 밑 패닉

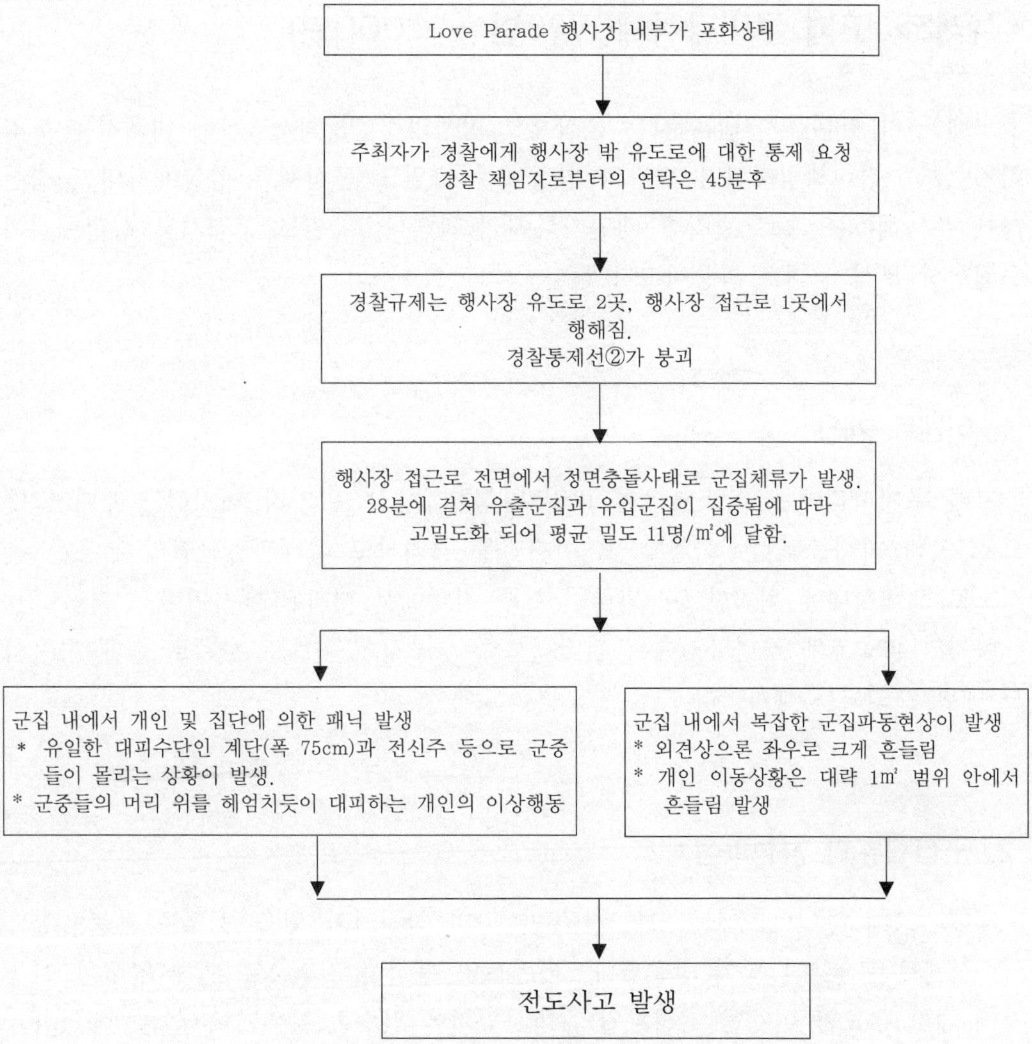

그림22. Love Parade 혼잡사고 발생 경과

<사례3> 고베 루미나리에(1995년 ~ 2000년)

고베 루미나리에의 사례에서는 군집체류 형성과정 및 해소경과에 대해서는 고려하지 않고 경비책임자였던 필자의 입장에서 고밀도 군집체류 상황에서의 군집현상에 주목해 육안으로 관찰한 개인기록에 불과하나, 고밀도 군집체류 상황에서의 군집현상 분석 사례로 활용하고자 한다.

1. 이벤트 개요

고베 루미나리에는 1995년 1월 17일 발생한 '한신 · 아와지 대지진(고베대지진)'으로 인해 피해를 입은 희생자 및 이재민을 격려하고 고베관광산업의 부흥을 목적으로 고베시내에 위치한 (구)외국인 거주 지역에서 개최된 행사이다.

현재까지도 고베 루미나리에는 전국적으로 성공적인 이벤트 사례로 높게 평가되고 매년 개최되는 행사이다.

2. 군집체류의 형성과정

제1회 고베 루미나리에는 11일간 76만 명의 참가자가 있을 것으로 예측하였으나, 실제로는 254만 명이 방문했다. 이벤트의 목적이 지진으로 인해 발생한 희생자에 대한 추모와 이재민 격려차원의 행사였기에 엄숙한 분위기에서 진행되었다.

개최장소는 번화가의 중심부 도로(약 280m)로 일상생활통행, 업무에 따른 비즈니스 통행, 루미나리에 방문자에 대한 유동인구가 혼재하는 상황이었으며, 이에 대한 유동인구에 대한 분류가 필요했다.

제1회(1995년) 루미나리에 행사 첫날 예상 방문객은 12만 명이었기에 자유 관람방식을 취했다. 그러나 루미나리에 점등 의식 전 행사장과 그 주변에는 약 12만 명의 방문객이 체류했고, 이에 다이마루 백화점(大丸百貨店)앞, 루미나리에 통행로에서 공원에 이르기까지 전역에 방문자가 빈틈없이 가득 채워졌다.

실제로는 첫날 약 38만 명이 방문하였기에 매우 혼란스러운 상황이었으며, 따라서 둘째 날부터 고이가와스지(鯉川筋)거리부터 히가시(東)공원까지를 일방통행 방식으로 지역의 군집유도계획을 수정하였다(그림23).

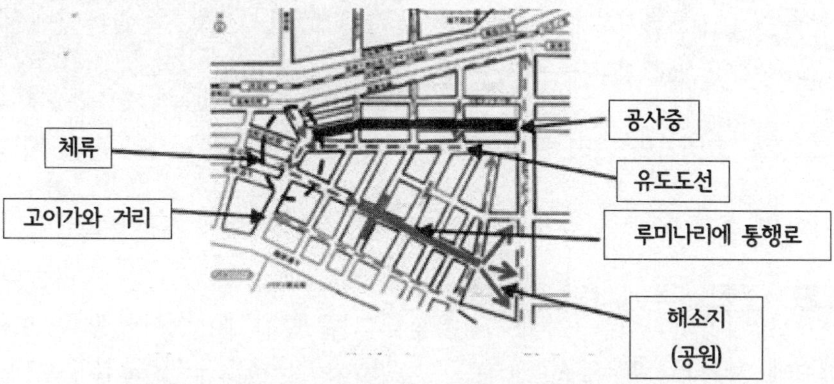

그림23. 고베 루미나리에 도선 계획도(경찰 계획서 인용)

루미나리에는 조명으로 건축물을 만들거나 치장하는 행사로서 빛의 예술 또는 빛의 조각이라고도 한다. 따라서 조명을 점등 시에 가장 인기가 높으며 점등시간 약 3시간 전부터 보도에는 방문객이 체류하면서 도로개방을 기다리는 상황이었으나, 군집유도선 설정에 필요한 도로인 고이가와스지(鯉川筋)거리에는 공사가 진행 중으로 이로 인한 방문객의 체류가 발생했다.

고이가와스지 거리는 폭 24m~30m, 길이 128m, 약 3500㎡로 주변에는 백화점, 상점가 및 유명한 차이나타운이 위치해 있고 근처에는 다수의 기업들이 밀집해 있는 고베시의 중심가 거리였다. 따라서 쇼핑을 하는 등 일상생활 통행과 비즈니스 통행 그리고 루미나리에 방문자 통행을 분리시킬 필요가 있었다.

다수의 방문자 체류장소로 고이가와 거리를 개방했으나, 평균밀도 5인/㎡ 정도에서 체류가 발생하기 시작하고 주변에서의 방문객유입이 계속되어 밀도 8인/㎡에 도달하게 됨에 따라 약 28,000천명이 2~3시간 정도 체류하게 되었다.

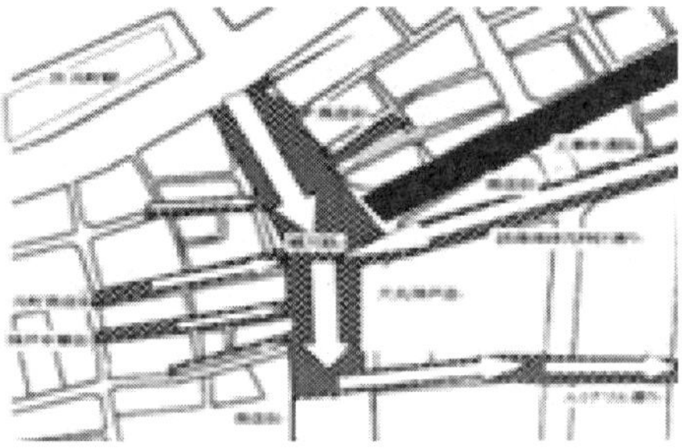

그림24. 고이가와 거리 군집체류

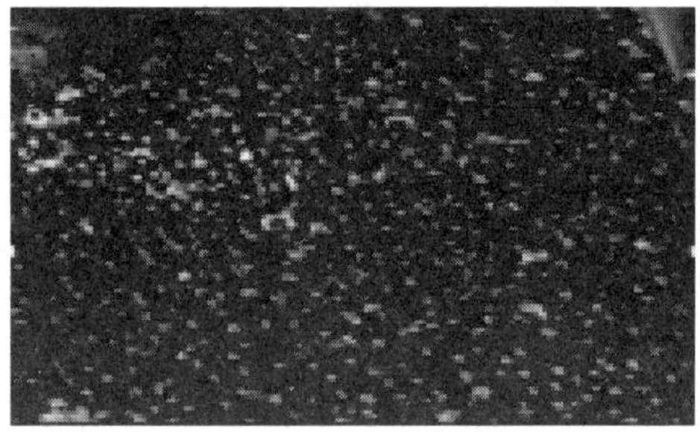

그림25. 고이가와 거리 군집 체류

3. 고밀도 군집체류에서의 군집파동현상

루미나리에 통행로 입구에서 북쪽까지 밀도 8인/㎡ 정도의 군집체류가 북쪽 방향으로 약 50m 부근까지 확대되면서 군집파동 현상이 시작되었다. 또한 고이가와 거리(폭 25~30m, 길이 128m)의 약 50m 지점에서 전방 군집과 후방 군집이 반으로 나뉜 형태로 번갈아 좌우(동서)로 약 20~60cm 흔들리는 군집파동 현상의 발생이 관찰되었다.

4. 군집파동현상 관찰기록

경비책임자인 필자가 고베 루미나리에 제1회 ~ 제6회까지 고이가와 거리의 군집체류 파동현상을 총 31회 관찰한 결과는 다음과 같다.

(1) 관찰기록 요일

방문자수는 주휴 2일제도[15]로 인한 휴일 전날인 금요일, 연휴기간에는 연휴시작 전날과 중간날짜에 방문자가 증가하였으며, 월요일은 방문자가 감소하는 경향을 보이고 있다. 이에 루미나리에 개최기간 중에는 월요일·금요일·토요일의 밀도와 군집파동 현상을 관찰 후 기록하였다.

15) 주휴 2일제도(週休2日制)란, 1달 중 주 2일의 휴일을 취하는 주가 1주 이상 있는 제도를 말한다.

(2) 관찰 방법

밀도측정을 위해 루미나리에 입구인근의 도로 상에 사전에 100㎡ 범위로 계측면(計測面)을 설정하고, 군집체류 시에 약 4m 높이의 단상과 주변 건물의 옥상에 올라가 육안으로 관찰하였다.

(3) 군집파동 현상 관찰 결과

군집의 파동 폭을 관찰하기 위해 주변의 건축물을 기준으로 잡고 모자를 착용했거나 복장 등의 특징을 보이는 인물을 중심으로 관찰하였다. 6개년에 걸친 요일별 평균치는 다음의 표2와 같다.

표2. 고이가와 거리의 군집파동현상 관찰기록(기간 중의 평균치)

년도	요일	유동 폭cm	군집밀도	년도	요일	유동 폭cm	군집밀도
'95	월	0cm	5명/㎡	'98	월	0cm	5명/㎡
	금	50cm	8명/㎡		금	50cm	8명/㎡
	토	60cm	9명/㎡		토	50cm	8명/㎡
'96	월	0cm	5명/㎡	'99	월	0cm	5명/㎡
	금	60cm	6명/㎡		금	50cm	8명/㎡
	토	50cm	8명/㎡		토	40cm	7명/㎡
'97	월	20cm	6명/㎡	'00	월	0cm	5명/㎡
	금	40cm	6명/㎡		금	50cm	8명/㎡
	토	50cm	8명/㎡		토	50cm	8명/㎡

5. 고밀도 군집체류 형성과 군집현상 정리

앞서 기술한 사례1, 사례2는 군집의 역류로 인해 발생한 군집체류 현상인 것에 반해, 본 사례는 일방통행로에서 고밀도 군집체류가 발생한 사례이다.

군집체류는 약 25m 너비의 도로에서 약 12m에 불과한 루미나리에 통행로로 군집이 유입됨에 따라 발생한 병목현상 구조와 루미나리에 점등을 기다리는 군중에 의해 발생한 군집체류, 그리고 상점가로부터 계속하여 유입되는 후속군집으로 인해 고밀도로 형성되었다.

그리고 군집밀도가 대략 8인/㎡에 도달하자 군집 내에서는 상반신을 중심으로 20cm~60cm 정도 좌우로 흔들리는 군집파동 현상이 발생하고 밀도가 높아짐에 따라 파동 폭이 확대되는 현상이 확인되었다. 그러나 추모분위기를 가지는 행사의 성격상 군중 내에 패닉 현상이 발생하지는 않았다.

제2장 군집현상에 대한 정리(사고발생 메커니즘)

전도 등에 의해 혼잡사고로 이어질 가능성이 높은 고밀도 군중체류는 언덕길, 계단, 도로의 병목구조, 터널, 군중의 역류 등으로 인해 발생하며, 군중체류에 후속군집이 계속하여 유입됨(누적가중현상)에 따라 고밀도·고압력화 된다.

그리고 계절 혹은 이벤트의 성격에 따라 차이가 발생하기는 하나 군중밀도의 수준이 약 8인/㎡의 고밀도 군중체류에 이르게 되면 군집 내에서 밀도와 압력 분포 차이에 의해 군집파동 현상이 발생한다.

또한 계속하여 후속군집이 유입되어 약 10인/㎡ 이상의 초고밀도 군중체류 수준에 도달하면 개인 및 집단의 위기회피행동(패닉)으로 인해 복잡한 「한계군중파동현상」이 발생하여 전도 등에 의한 혼잡사고가 발생하게 되는 것이다. 혼잡사고 발생메커니즘은 그림26과 같다.

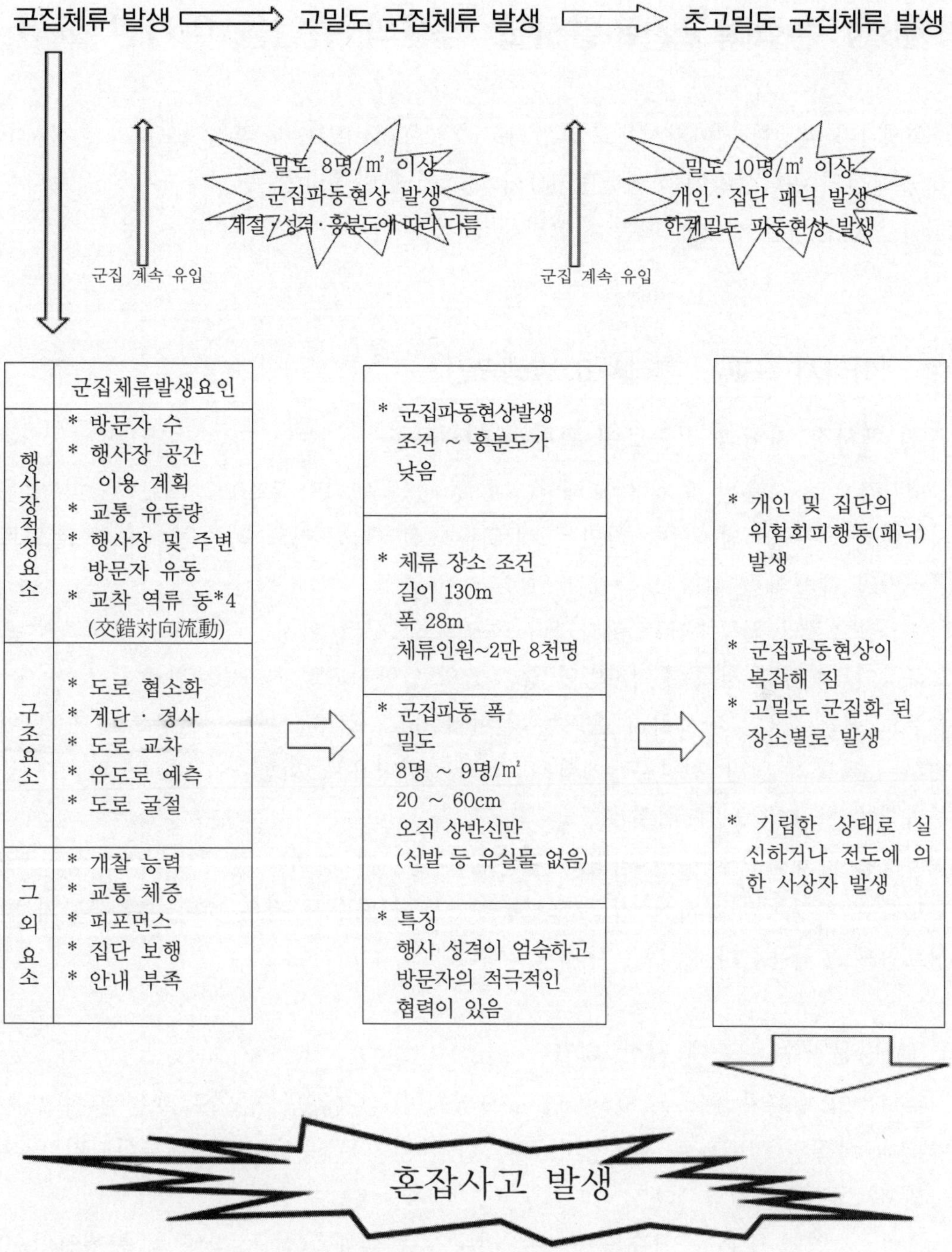

그림26. 혼잡사고 발생 메커니즘

제3장 혼잡사고, 혼잡사고 직전의 위험을 야기한 요인

희생자가 발생한 「아카시육교 혼잡사고」, 「Love Parade 혼잡사고」와 혼잡사고 발생 직전의 위험상황에 직면했던 제1회 「고베 루미나리에」, 「아카시 카운트다운 2001」을 분석한 결과에 따른 사고발생 요인은 아래와 같다.

1. 「아카시 육교」 혼잡사고 발생요인

(1) 행사장 지형과 접근로에 관한 요인

행사장으로 사용된 오오쿠라 해안(大蔵海岸)은 면적이 72,000㎡로 상당히 넓은 지역이었으나 동·남·서쪽 삼면은 세토내해(瀬戸内海)이고 북쪽은 국도와 철도로 둘러싸인 폐쇄적인 지형적 특성이 있었다.

행사장으로의 접근수단은 아사기리 육교, 오오쿠라 아사기리 육교, 산요전철 오오쿠라역, 행사장 서쪽 주택지방면 등 4곳으로 한정되었다(그림1 참조).

주요 접근수단인 아사기리 육교는 길이 100m, 폭 6m로서 행사장으로 가기 위해서는 육교의 남단 전망공간에서 직각 우측방향으로 회전하여 폭 3m의 계단을 통과해야만 한다(그림2 참조).

이처럼 폐쇄적인 행사장 지형과 접근로가 한정된 경우는 행사장 수용가능 인원수보다 행사장으로 통하는 접근로의 통행가능 인원수가 적은 것이 혼잡사고의 발생요인으로 작용한다.

(2) 방문자수 예측에 관한 요인

주최측의 방문자 예측은 10만 명 규모였지만 실제 8만 명으로 추정된다. 또한 방문자 예측은 이벤트 기획·경비계획, 관계자 자문 등이 전혀 이루어지지 않은 상태에서 예측된 결과이다.

특히, 지역별 방문자 예측을 근거로 방문경로별 예측(접근로 4곳의 통행인원수)을 하지 않았기 때문에 주요 접근로인 아사기리육교의 통행인원에 대한 검토가 불충분했다.

방문자수 예측과 관련해 행사장 지형이 폐쇄적이고 접근로가 한정되어있는 경우에는 행사장 수용가능인원수와 접근로 통행가능 인원수에 대한 검토가 중요한 요소이다.

행사장과 주변의 방문자 유동평가에서 상세히 기술하겠지만 행사장 수용가능인원은 불꽃놀이 관람면적 50,000㎡에 대해 평균밀도 2명/㎡로 했을 경우 약 10만명이다.

이에 반해 접근로 통행가능 인원수는 주요 접근로인 아사기리 육교가 14,000명/h이며 전체 접근로 4곳을 합하면 24,000명/h에 불과했다. 방문객이 불꽃놀이 종료와 동시에 일제히 유출된다고 가정하면 유출 소요시간은 단순계산으로 약 4시간이 소요된다. 이는 행사참가자의 퇴장대기 군집심리 허용범위를 크게 넘어선 것이다.

(3) 행사장 공간 이용계획에 관한 요인

행사장 면적 72,000㎡ 중 야시장(노점), 불꽃놀이 발사 및 보안 구역을 제외한 불꽃놀이 관람이 가능한 면적은 약 50,000㎡으로 구체적인 행사장 배치는 다음과 같다.

야시장은 육교 계단 밑 도로에 약 180점포가 설치되어 있었고 행사장 동쪽으로는 보안구역이 위치하고 있었으며, 불꽃놀이 관람 행사장은 백사장 일대에 설치되어 있었다. 이러한 배치의 경우 유출동선인 아사기리육교 계단 밑은 모든 방향에서 접근하는 인원이 집중되기 때문에 체류가 발생 할 것으로 예측할 수 있다.

또한 계단 바로 옆의 북쪽 도로에 설치한 야시장으로 인해 야시장의 혼잡이 방문자의 유출유동에 장해를 야기했다. 계단을 통한 진출입 방문객과 야시장의 혼잡이라는 2가지 요소로 인해 방문자 체류가 발생했다.

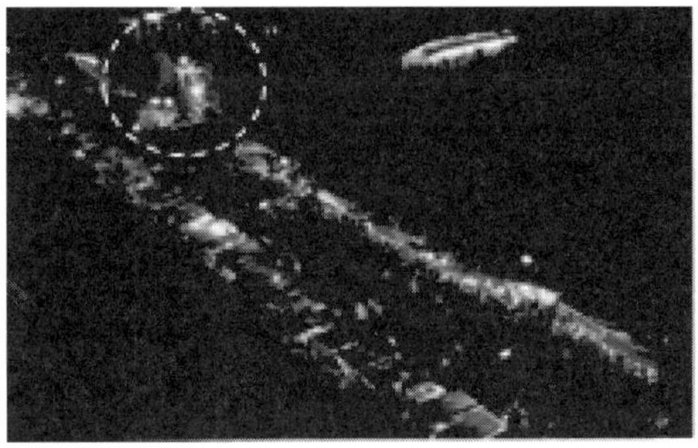

그림27. 육교와 야시장(노점)의 혼잡상황
(◌ 육교계단)

(4) 행사장과 방문자 유동에 관한 요인

안전하고 적절한 관람객 유도 방안을 마련하기 위해서는 행사장과 행사장 주변의 방문자 유동 시나리오와 방문자 유동의 위험성판단 등을 통한 적정 유도방안으로의 수정을 통해 이루어져야 한다.

그러나 당해 사고에서는 지역별 예측은 이루어지지 않았고 방문자 유동평가가 부적절하게 이루어졌다. 그 내용은 다음과 같다.

1) 지역별 방문객 예측에 의한 경로별 예측에 관한 요인

지역별 방문객 예측에서 철도 및 자가용 이용자, 자전거, 도보 등에 의한 교통수단과 방문 경로의 예측은 가능했다. 그러나 지역별 예측은 이루어지지 않아 주요 교통수단인 아사기리 육교의 통행에 대한 예측이 불충분했다.

2) 교통수단 통행인 예측 요인

접근로 4개소의 통행가능 인원수 추계는 다음과 같다.

① 아사기리 육교(그림2 참조)

아사기리 육교의 전체 폭은 6m이나 유출가능 개소는 폭 3m인 계단으로 한정되어 있으므로 유동 계수 1.3인/m/sec3로 가정 : 약 14,000명/h

② 오오쿠라 아사기리 육교(그림2 참조)

실제 폭은 1.2m로 평탄한 보도로서 유동계수를 1.5명/m/sec3로 가정 : 약 6,000인/h

③ 산요 전철 오오쿠라다니역(그림2 참조)

개찰 능력을 고려하여 약 1,200명/h(자동개찰기 2레인)

④ 행사장 서쪽 주택지(그림2 참조)

주민 수를 약 13,000명으로 추측하여 약 3,000명/h으로 계산했을 경우 합계 약 24,000명/h이다.

통행가능인원 추산을 바탕으로 예측된 방문자 10만 명이 불꽃놀이 종료 후 일제히 행사장을 빠져나가는 것으로 가정하면 약 4시간이 필요하다.

이는 방문자 유동에 있어 장해조건이 없다는 것을 전제로 산출된 것으로서 소요되는 4시간은 군중심리의 한계를 초과하는 시간이다.

(5) 아사기리 육교의 구조와 방문자 유동요인

아사기리 육교는 외벽이 투명하여 주변의 경치를 관람 할 수 있도록 건설되었으며, 75㎡의 전망공간과 엘리베이터 1대가 설치되어 있다. 그리고 육교에서 행사장으로 가기 위해선 육교의 전망공간에서 직각으로 서쪽방향으로 돌아 경사 약 23°에 48계단, 육교의 폭 절반정도에 해당하는 3m의 계단이 설치되어 있는 등 다수의 방문자 통행을 전혀 고려하지 않은 구조 조건을 가지고 있다(그림3 참조).

이러한 구조 조건으로 인해 불꽃놀이가 시작되면 육교와 계단은 관람행사장처럼 사용되어 방문자 체류가 발생한다. 또한 긴급 시 피난경로가 없는 폐쇄공간이기 때문에 고밀도 군집체류 시 군중심리는 패닉에 빠지기 쉬운 구조이다.

더욱이 유출 시에는 모든 방향에 위치한 방문자가 계단입구로 몰리게 되고 근처에는 야시장이 설치되어 있었으나, 유출입 유동에 대한 분산화와 일방통행 등에 대한 유도장치가 없었다. 또한 육교남단에서 행사장으로 향하는 도로의 협소화,

불꽃놀이 관람체류, 대향류 등 여러 조건이 경합하면서 초고밀도화된 상태에서 한계군집파동현상에 기인한 혼잡사고가 발생하게 되었다.

2. 「Love Parade」 혼잡사고 발생 요인

방문자수 예측, 행사장 공간이용계획, 행사장과 주변 방문자 유동계획, 접근로의 구조 조건 등의 모든 요인이 경합하여 발생한 혼잡사고이다.

Love Parade[16)]와 관련해 주최측이 게재한 혼잡사고영상이 You Tube를 통해 제공되어 있어 혼잡사고 직전 군집현상 분석에 참고하였다.

(1) 행사장 지형과 접근로에 관한 요인

행사장은 과거 화물역으로 사용되던 건물로서 행사장 면적은 약 8만㎡에 해당하며, 동쪽은 철도선로, 서쪽은 고속도로에 둘러싸인 폐쇄적인 지형이다.

행사장 접근로와 관련해 북쪽의 통로는 행사관계자 전용 통로이며 남쪽의 폭 18m의 터널은 방문자 유도도로이다. 그리고 행사장으로 직접 연결된 접근로는 최대 높이 8m의 콘크리트 측벽으로 둘러싸인 길이 약 115m, 폭 25m의 주접근로와 최대 높이 8m, 폭 18m, 길이 130m 부 접근로만이 설치된 폐쇄적인 공간이다.

(2) 방문자수 예측에 관한 요인

주최측에서 행사개최 약 1달 전 언론에 발표한 "100만 명 이상"이라는 방문자수 예측에 대해 경찰은 언론발표 2일 후 및 행사개최 2일 전 문서로 방문자 수 예측에 대해 재검토를 요청했다. 이러한 사실은 행사안전대책에서 기초수치인 방문자 예측에 대해 의견일치를 보지 못한 상황에서 행사기획이 추진되었음을 확인할 수 있는 대목이다.[17)]

경찰의 경비책임자와 시정부관계자에 대한 인터뷰조사를 통해 지역별 방문자 수

16) http://www.youtube.com/watch?v=lkXtBaiwwP8&feature=watch_respon
17) Love Paradeデュイスブルク市政府報告
http://www.mik.nrw.de/themen-aufgaben/schuz-sicherheit/gefahrenabwehr-feuerwehr-katastrophenschutz/grossveranstaltungen/loveparade-2010.html

예측과 직근역에서 행사장까지 약 2.5km의 동서방향의 유도도로에 대한 경로별 방문자수 예측도 이루어지지 않았던 것이 확인되었다.

(3) 행사장 공간이용 계획에 관한 요인

행사장은 구 화물 역사를 포함한 주변을 이용하였다. 행사장 지형은 변형된 직사각형 모양으로 메인 행사장은 방문자 유도로와 접근로 반대쪽에 설치되어 있다(그림11 참조).

행사의 내용과 형태는 DJ연주 및 장식을 한 15대의 트럭이 반시계방향으로 연주를 하며 순회하고 그 주위를 관객들이 춤을 추는 등 흥분도가 높은 행사이다. 따라서 관객들의 행사장 내에서 길게 체류할 우려가 높다.[18)19)]

7시간 연속으로 진행되는 행사장 내의 관객유동은 행사장 접근로가 남쪽에만 설치되어 있기 때문에 북쪽의 메인행사장의 관객이 행사장을 벗어나기 위해서는 트럭의 순회 등으로 혼란스러운 행사장 내를 경유하여 이동해야 했다.

행사장 이용계획의 경우, 행사장 내 체류 가능한 상한인원 수의 설정과 유도로에서의 입장규제 조치에 대한 구체적인 대책이 필요했으나 명확하지 못했다.

그림28. DJ행사장

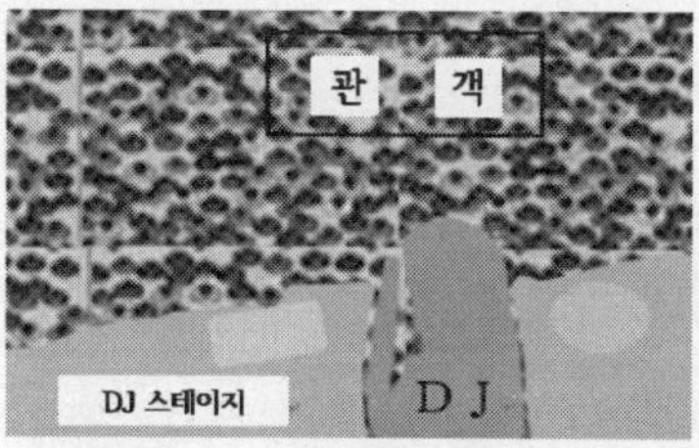

그림29. 플로트 순회 상황

(4) 행사장과 주변 방문자 유동에 관한 요인

인근 역에서 동서방향의 유도로는 행사장으로 직접 접근할 수 있는 경로에서 합류하게 된다(그림11 참조). 접근경로에서는 유출입 인원에 대한 구분이 이루어지지 않아 교착대향류가 발생한다.

---

18) Love Parade, http://www.youtube.com/watch?v=lkXtBaiwwP8&feature=watch_respon

19) D J 행사장, Monika Kruse auf der Abschlußkundgebung der Love Parade 2010

공개된 자료와 관계자 인터뷰 조사에서도 방문 경로별 예측, 유출입 통제 실시 기준, 방문자 접근에 대한 유동량 등에 대한 충분한 검토가 이루어진 흔적을 찾아볼 수 없었다.

예를 들어 행사장 접근로와 유도로의 유동인원수를 유동계수 1.5명/m/sec로 유출 일방향 흐름으로 단순계산 하면 주 접근로는 14만 명/h, 부 접근로는 10만 명/h으로 합계 약 24만 명/h이 된다. 한편 유도로인 터널은 약 10만 명/h이기에 유출경로가 동서 방향으로 분할된다 할지라도 단순계산으로 약 4만 명/h가 체류하게 된다. 더욱이 유출입 유동이 분류되지 않은 채 교착대향류가 발생하는 상황이기에 체류속도는 빠르게 고밀도화 될 것을 쉽게 예상할 수 있다.

(5) 유도로와 접근로의 구조(構造)조건, 방문자 유동상의 요인

동·서의 유도로는 터널을 지나 행사장 접근경로에 합류하게 된다. 더욱이 접근로가 최대 높이 8m의 콘크리트 측벽으로 둘러싸여 있어 긴급상황에서 대피경로는 폭 75cm의 비상계단 한 곳으로 한정되어 있다. 또한 군중심리 면에서도 유도로가 터널이고 접근로가 콘크리트 벽으로 둘러싸여 있는 폐쇄적인 공간이기에 공포심에 의한 패닉이 발생할 가능성이 높다.

그림30. 접근도로 구조

그림31. 접근도로 혼잡상황

(6) 주최측과 경찰·소방기관과의 연락체계

주최측에서는 행사장 내 체류가 한계에 이르렀을 때 체류인원 유도를 위해 경비를 담당하는 경찰에게 입장통제를 요청했으나 경찰의 책임자와 연락이 연결되기까지 45분이 소요되었다.

행사 개최 2일 전 경찰이 주최자에게 보낸 문서에는 연락담당자를 파견한다는 항목이 있었다. 또한 주최자와 경찰 및 소방기관 간 통제에 대한 의견 차이가 있었던 것은 행사관계자 간의 정보공유와 연락활동, 경비본부의 기능이 부족했음을 나타낸다 할 수 있다.

3. 혼잡사고 발생 직전의 「아카시 카운트다운 2001」

「아카시 카운트다운 2001」는 저자가 경비 총책임자를 담당했었던 행사로서 제2편에서 상세한 분석 내용을 기술하였다. 다음에서는 아카시 육교 혼잡사고와 동일한 장소에서 개최되었으므로 행사장 조건 등 중복되는 사항은 생략하고 혼잡사고 발생 직전에 이르게 된 요인에 대해 파악해 보고자 한다.

(1) 방문자수 예측에 관한 요인

방문자 수 예측은 2만 5천명이었으나 실제 방문자 수는 5만 5천명으로 예측했던 방문자수의 2.2배에 달했다. 오차가 발생한 주요원인은 행사장 북쪽주민의 인구 약 65,000명 중 방문자 수를 약 3,600명으로 예측했기 때문이다. 이러한 오차는 방문자 경로별 예측 중 주요 접근로인 아사기리 육교에 대한 이용자 수 예측에 크게 영향을 주었다. 아사기리 육교를 통한 방문자의 예측치는 21,000명이었으나 실제 이용자수는 약 40,000명에 달했다. 이러한 방문자 예측치의 오차는 유도방안 마련 등에 영향을 미쳐 혼잡사고 발생 직전의 상황까지 이르게 되었다.

(2) 행사장 공간 이용 계획에 관한 요인

본 행사에서는 유출인원이 계단으로 집중되지 않도록 행사장을 서쪽방향 약 150m에 설치하고 그 사이는 텐트 등을 활용해 행사관계자 이용구역으로 설치하는 등 물리적으로 방문자 통로(폭 약 12m)를 설정했다. 또한 방문자 체류가 발생하기 쉬운 협찬부스(상품판매 공간)를 서쪽으로 이동시켜 설치해 육교와 계단에서의 방문자 유동을 확보하고자 했다.

이러한 이용계획은 전 지역에 위치한 방문객이 계단입구로 집중되는 것을 방지하고, 방문자 체류가 발생하기 쉬운 상품판매 공간을 계단아래에서 서쪽으로 약

200m거리로 분산시키는 효과가 있었다. 아카시육교 혼잡사고 행사장 공간이용계획과는 큰 차이가 있었다고 할 수 있다.

(3) 행사장과 주변의 방문자 유동에 관한 요인

행사기획 시 주요 접근로인 아사기리 육교의 통행 예측인원을 25,000명으로 책정했으나, 지역별 방문자 예측을 근거로 한 경로별 예측을 실시하지는 않았기 때문에 아사기리육교 이용자 수가 증가할 것을 예측하지 못했다.

또한, 행사장 공간이용계획에서 행사장 서쪽 약 150m에 설치한 폭 12m의 방문자통로와 비교해 계단은 폭이 3m로 협소함에도 불구하고 계단으로의 유도조치가 이루어지지 않아 계단 아래쪽에서는 체류가 발생했다.

더욱이 계단의 상단과 육교 남단의 전망공간은 불꽃놀이를 관람하기에 최적의 지점으로 방문객이 몰릴 것이 예상됨에도 불구하고 아무런 차단조치가 이루어지지 않았다. 그리고 유출입 유도가 분류되지 않아 이동이 전혀 불가능한 상태로 체류가 발생했다.

이러한 상황은 육교 남단부근 외벽에 사람이 매달리고, 육교를 점검하는 통로를 통해 역 방향으로 대피하는 방문자에 대해 육안으로 확인할 수 있을 정도로 혼잡을 야기했다. 또한 「아카시시민 여름축제 사고조사위원회 보고서」 인터뷰조사에도 보고된 바와 같이 "군중이 크게 흔들렸다.", "비명과 고함 소리가 들리는 등 패닉 상황이었다." 등 증언이 있었으며, 혼잡사고 직전의 「초고밀도 군집체류」가 발생했다.

(4) 혼잡사고에 대한 회피 조치

경비본부는 즉각 다음의 긴급 경비 조치를 실시해 혼잡사고를 회피했다.

1) 오오쿠라 아사기리 육교와 오오구라다니 역사 방면으로 우회조치 강화
2) 육교 위의 체류 완화 조치
   육교 북쪽의 유입금지 조치와 육교 체류자를 역사 방향으로 유도 조치
3) 계단으로 방문객이 계속하여 유입이 됨에 따라 계단 유입금지 조치
4) 계단 위 체류 군중에 대한 정보 전달

육교와 계단에서 체류하는 방문자에 대한 정보전달 및 홍보

이 과정에서 다음과 같은 중요한 과제가 발생했다.

1) 주최측 · 경찰 · 행사 운영 등과 관련한 행사관계자 간의 정보 공유와 연계 활동 부족

   주최측과 경찰 간 혼잡상황에 대한 정보 공유 부족과 정보를 근거로 한 연계 활동이 불충분하였다.

2) 경비본부 요원의 패닉으로 인한 기능마비

   경비본부 요원이 계단 아래쪽으로 전부 이동해 전체적인 지휘기능 마비

4. 군집파동 현상이 발생한 「고베 루미나리에」

(1) 행사장 지형에 관한 요인

행사장은 고베 시내 번화가의 중심부인 (구)외국인 주거지역 도로로 '다이마루 백화점' 앞에서 히가시공원까지를 루미나리에 거리라 한다. 루미나리에는 (구)UFJ 은행 앞부터 히가시공원까지 약 680m정도이다.

그리고 루미나리에 거리는 시내에서 교차하는 도로가 개방되어 있어 비상시 도로는 확보된 상황이었다.

(2) 방문자 수 예측에 관한 요인

행사개최 기간은 연말인 12월에 11일간 진행되고, 행사기간 중 예상 방문자수는 기간 중 76만 명을 예상했다. 그러나 실제로는 254만 명의 방문자가 방문하여 예상치의 3.3배에 달하는 인원이 방문했다. 또한 일일 최대 방문자 수는 18만 명을 예상했으나, 실제로는 38만 명이 방문하여 2.1배에 달했다.

특히 제1회 행사에서 첫째 날 예측한 방문자수 12만 명에 근거해 자유관람 방식을 취했으나, 실제로 약 38만 명이 방문하여 상당한 혼란을 겪었으며, 둘째 날부터는 '히가시공원' 방면으로 일방통행을 실시하여 혼잡을 완화했다.

(3) 행사장과 주변 방문자 유동에 관한 요인

JP전철, 민영전철(私鉄), 지하철 등 다양한 노선이 집중하는 번화가로 연말 쇼핑객, 일반 통근자, 관광객, 루미나리에 관람객 등의 유동을 분산하는 유도대책이 필요했다.

'루미나리에 거리'에서 일방통행이 실시됨에 따라 거리입구에는 각 철도회사와 매스컴, 경비원 등을 통한 홍보활동 및 유도조치가 실시되었다. 그러나 루미나리에 점등식은 인기가 너무 높아 점등 2~3시간 전부터 방문자체류가 발생했다.

또한 지하철공사 등으로 인해 사용이 불가능한 도로가 발생해 대기 방문자에 대한 수용이 불가능했기에 루미나리에 거리 입구에 고이가와 거리를 개방해 점등을 기다리는 방문자들의 체류장소로 사용했다.

'고이가와 거리'는 폭 약 24m~30m, 길이 약 128m, 약 3천500㎡로 체류밀도는 평균 8명/㎡, 체류 인원수는 약 2만8천 명으로 주변의 상점가와 차이나타운까지 체류가 발생했다.

행사 기간 중 '고이가와 거리'의 체류현상을 육안으로 확인한 결과, 대략 밀도 8명/㎡에 도달하자 군집 전체가 동·서 방향으로 20~60cm 흔들리는 것을 확인했다. 고이가와 거리에 후속 방문자가 계속하여 유입되는 것을 방지하기 위해 상점가 유입방지 대책과 대형화면을 활용한 정보제공을 통해 초고밀도화와 심리적 작용으로 인한 혼잡사고 발생위험을 사전에 방지했다.

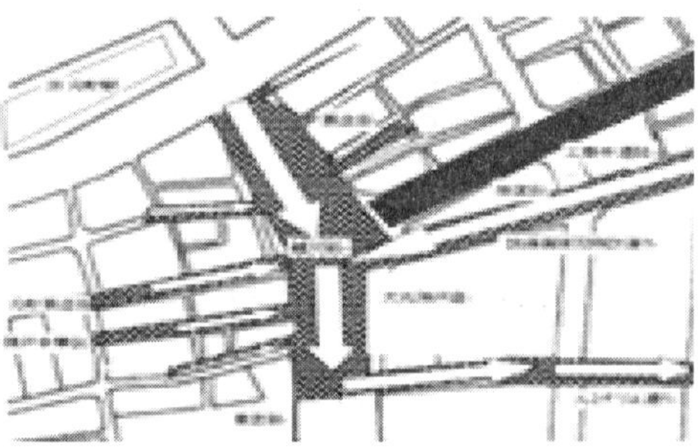

그림32. 고이가와 거리 약도

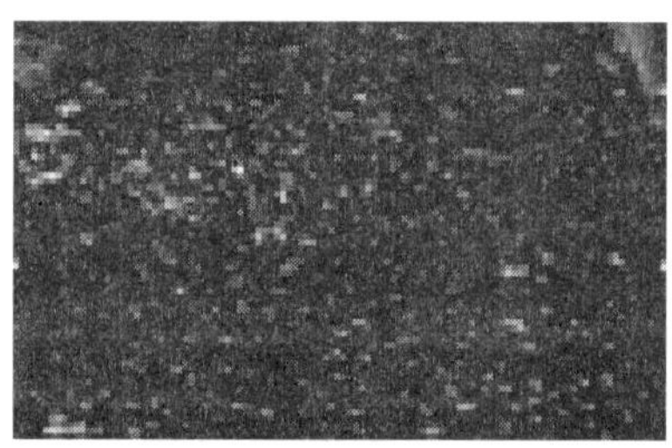

그림33. 고이가와 거리의 혼잡상황

5. 혼잡사고, 사고발생 직전의 위험요인에 대한 정리

희생자가 발생한 혼잡사고 및 사고 직전의 위험을 야기한 행사사례를 분석한 결과, 그 요인은 크게 행사기획 단계에서의 요인과 행사개최 단계에서의 요인으로 크게 나눌 수 있다.

행사기획 단계에서 주최측 · 행사기획자 · 경비회사 · 경찰 및 소방기관 · 학술경험자 · 그 외 교통기관 등의 이벤트 관계자가 전문 분야의 경험과 식견을 활용한 종합적인 안전 검토가 충분히 이루어지지 않았다.

행사개최 단계에서의 요인은 행사와 관련된 정보의 공유와 정보에 근거한 연계 활동이 불충분했으며, 이러한 요인들에 대해 다음의 그림34와 같이 정리한다.

혼잡사고 발생 요인
~혼잡사고 분석에서~

행사기획 단계	행사실시 단계
1. 부적절한 방문자 예측 2. 행사장 공간이용계획의 검토 부족 3. 행사장과 주변 방문자 유동에 대한 검토 부족 4. 행사장 접근로에 대한 구조조건 및 유동에 대한 검토부족	1. 방문수단 및 경로별 방문자 수에 대한 파악 부족 2. 관계자 간의 연계부족과 경비본부 기능 부족 3. 운영본부 ·경비본부의 기능마비

그림34. 혼잡사고 및 사고 직전 위험발생 요인

참고문헌

(1) 地域安全学会論文集 No17, 2012.7

(2) 貝辻正利, 雑踏事故要因である大規模イベントでの高密度群集滞留の発生防止に関する研究, 神戸大学博士論文, 2012

(3) 明石市民夏まつり事故調査委員会, 「第32回明石市民夏まつりにおける花火大会事故調査報告書」, 2002

(4) Love Paradeデユイスブルク市政府報告
http://www.mik.nrw.de/themen-aufgaben/schuz-sicherheit/gefahrenabwehr-feuerwehr-katastrophenschutz/grossveranstaltungen/loveparade-2010.html

(5) ギュスターブ・ル・ボン/櫻井成夫訳, 群衆心理, 講談社,2009第13版

(6) 岡田光正, 吉田勝行, 柏原史郎, 辻正矩：建築と都市の人間工学, 鹿島出版会, 1977

(7) 西成活祐, [渋滞学], 新潮社, 2007第10刷

제2편

혼잡사고 직전의 위험은 왜 발생했는가?
- 아카시(明石) 카운트다운 2001 -

제1장 행사개요 및 개최 실태

제2장 혼잡사고 직전의 고밀도군집체류 발생

제3장 혼잡사고 위험회피를 위한 긴급 경비 조치

제4장 혼잡사고 직전의 고밀도군집체류를 예측 못한 원인

제5장 혼잡사고 직전의 고밀도 군집체류를 회피하지 못한 원인

제6장 정리

제 2 편

혼잡사고 직전의 위험은 왜 발생했는가?
- 아카시(明石) 카운트다운 2001 -

본 편에서는 제3편의 「고밀도군집체류」에 대한 예방대책을 도출하기 위해 필요한 사례들을 분석할 것이다. 사례분석을 통해 이벤트 기획단계에서 고밀도군집체류 발생을 예측하지 못한 원인과 당초 이벤트 개최 단계에서 고밀도 군집체류 위기를 피할 수 없었던 원인에 관해 파악하고자 한다.

분석 대상이 되는 사례는 「아카시 카운트다운 2001」이며, 사례선정 이유는 카운트다운 메인이벤트 프로그램인 '빛의 연출'과 '불꽃놀이' 발사 행사장 접근경로였던 아사기리(朝霧)육교의 남단부근에서 혼잡사고 발생 직전의 「고밀도 군집체류」가 발생했고, 실제로 약 7개월 후 이곳에서 개최된 아카시 불꽃놀이 행사에도 이 같은 「고밀도군집체류」로 인한 혼잡사고가 일어나 다수의 희생자가 발생했기 때문이다.

이에 아카시 카운트다운 행사를 상세히 분석해 이벤트 기획 및 개최 단계에서 고밀도 군집체류 위기를 회피하지 못한 원인을 밝히고자 하며, 이는 혼잡사고 방지 대책 확립의 중요한 단서가 될 것이다.

「아카시 카운트다운 2001」의 분석 결과는 다음과 같다.

제1장 행사개요 및 개최 실태

1. 행사개요

(1) 명　칭: 아카시 해협 세기(世紀)의 전환 이벤트 「제팬 카운트다운2001」

(2) 테　마: 「꿈 · 기쁨 · 공감」, 「부흥 · 감사 · 출발」

(3) 일　시: 2000년 12월 31일 ~ 2001년 1월 1일

(4) 행사장: 주(主)행사장-아카시 시 오오쿠라(大蔵) 해안(그림35)
부(副)행사장-마린피어(マリンピア) 고베,
아와지쵸(淡路町) 마츠호 앵커리지 파크(松帆 アンカレッジ)

(5) 주최자: 아카시 해협 이벤트 실행 위원회(兵庫県, 明石市, 洲本市他)

(6) 병행 행사: 「인터넷 박람회」

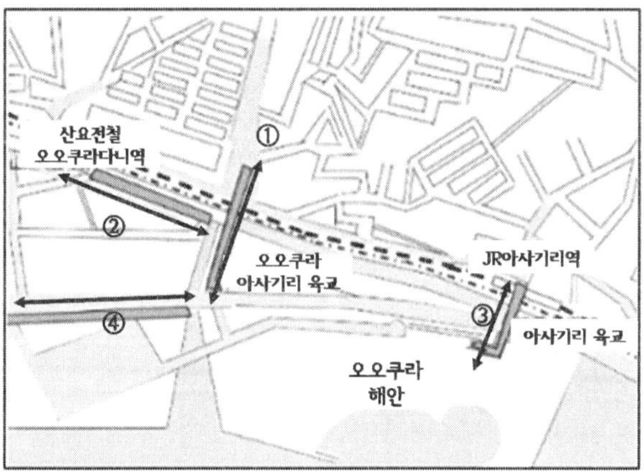

그림35. 행사장 위치도

(7) 이벤트 프로그램

실시위원회가 작성한 이벤트 프로그램은 표3과 같다

표3. 오오쿠라 해안 행사장 이벤트 프로그램

시간	이벤트 주최	이벤트 내용
22 : 30～23 : 15	아카시 시 전개(展開)	북 연주·횃불 릴레이
23 : 30～23 : 50	효고 현 전개	무대행사
23 : 55～01 : 00	정부·효고 현	카운트다운 이벤트
23 : 55～00 : 10		레이저 연출
00 : 00～00 : 10		불꽃놀이 발사
00 : 10～01 : 00		무대행사

2. 오오쿠라 해안 행사장 개요

(1) 행사장 지형

행사장은 72,000㎡으로 매우 넓으나 바다와 철도로 둘러싸여 있다. 따라서 행사장 접근경로는 아사기리 육교를 포함한 4곳으로 한정된 매우 폐쇄적인 지형이다(그림36).

(2) 행사장 접근경로 개요

행사장 내외부의 접근경로는 다음과 같다.

- 아사기리 육교 경유(길이 100m, 폭 6m, 행사장으로 가는 길은 폭 3m 계단)(그림36-①)
- 오오쿠라 아사기리 육교 경유(길이 150m, 실효 폭 1.20m)(그림36-②)
- 산요 전철 오오쿠라다니역 경유(개찰 능력 1,200 명/h)(그림36-③)
- 그 외 행사장 서쪽 주택지 경유(그림36-④)

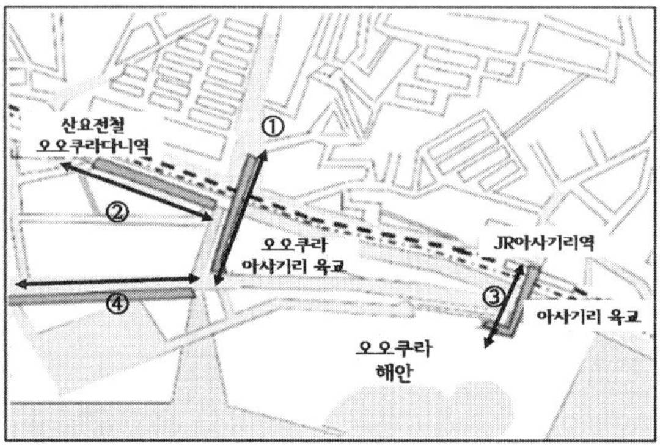

그림36. 오오쿠라 해안 행사장 (↔ 행사장 접근경로)

1) 아사기리 육교(그림36-①)

행사장인 오오쿠라 해안과 인근 역인 JR 아사기리 역 그리고 북쪽 주택지에는 철도와 국도 위를 지나는 아사기리 육교(길이 100m, 폭 6m)가 있다.

동쪽의 아카시 해협 대교, 남쪽 일대로 펼쳐지는 세토(瀨戸)내해 풍경을 전망할 수 있는 설계 콘셉트로 건설되어 외벽은 투명한 아크릴 판, 남단에는 약 75㎡의 전망 공간이 설치되어 있다.

행사장을 통과하기 위해서는 전망 공간에서 직각으로 서쪽방향으로 회전하여 폭 3m, 길이 약 20m, 경사 약 3°, 48단으로 이루어진 계단을 지나가야만 한다. 또한 전망 공간에는 휠체어 이용자와 고령자를 위한 엘리베이터가 설치되어 있다. 이 승강 장소는 전망 공간 서쪽 끝(西端) 계단 입구 옆에 위치해 있다(그림37).

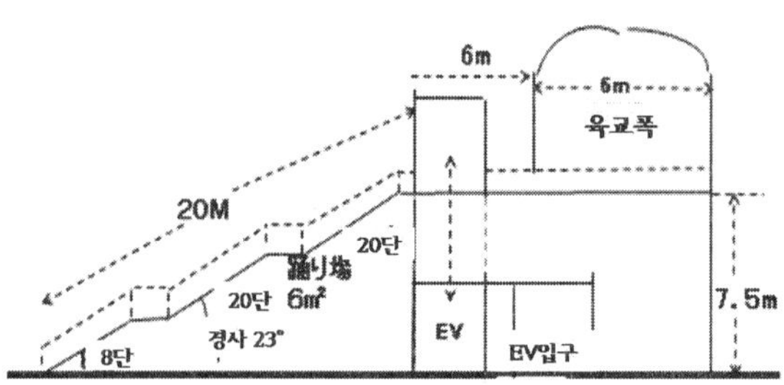

그림37. 육교 요약 개요

2) 오오쿠라 아사기리 육교(그림36-②)

오오쿠라 아사기리 육교는 JR 선로, 국도 28호선 위를 지나며 행사장과 북쪽 주택지를 연결하는 길이 150m, 인도(步道)의 실효 폭은 1.25m인 과선교[20]이다.

왕복 각 1 차선인 자동차도로의 동쪽에만 보도가 설치되어 있다. 남단은 국도 28호선과 접해 있으며 행사장으로 가는 국도는 신호에 맞춰 3단계로 횡단하게 되어있다. 또한 폭 3.5m 도로가 병설되어 있는데 국도 28호선과 접해 있으며 산요전철 오오쿠라다니역으로 연결된다.

오오쿠라 아사기리 육교는 주 행사장 오오쿠라 해안 북쪽 주택지에서 방문하는 관객들의 주요경로이다. 그리고 아사기리 육교의 유일한 우회로(迂廻路)로도 이용된다.

3) 산요전철 오오쿠라다니역(그림36-③)

오오쿠라 아사기리 육교에서 서쪽으로 약 370m 떨어진 지점에 위치한 역이다. 자동개찰기 2대가 설치되어 있으며 개찰 처리능력은 1시간 당 약 1,200명으로 추정된다.

역 앞의 국도 2호선은 폭 8m, 왕복 1차선으로 남쪽에 길이 1.5m의 인도가 있다. 그러나 승객 체류 공간은 인도 밖에 없으며 차량의 통행량 또한 많다.

4) 그 외 행사장 서쪽 주택지 방면(그림36-④)

행사장 서쪽 주택지 주민과 산요전철 오오구라다니역으로 우회해서 오는 접근경로가 있다.

이 접근경로는 서쪽으로 약 3.5~4Km 떨어져 있는 아사기리 시가지로 걸어서 갈 수 있는 위치이다.

---

20) 철로를 건너갈 수 있도록 그 위에 건너질러 놓은 다리

3. 방문자 예측과 개최 실태

(1) 방문자 예측

실행위원회는 방문자 예측을 위해 우선 전년도에 실시한 「AKASHI 천년제(千年祭)」의 데이터를 참고하였다. 그리고 공동 주최기관인 인터넷박람회가 조사한 원거리방문자와 JR이용자를 더해 방문자 수를 예측하였다.

결과를 보면 예측 JR 이용자는 21,400명으로 거의 실제 방문자 수와 유사한 수치로 예측되었다. 그러나 행사장 북쪽 주택지 주민의 자전거와 도보 방문자를 합친 예측 수가 약 3,600명으로 실제보다 크게 낮은 수치로 예측하였다.

실제 위원회가 게시한 방문 수단 별 방문자 예측치는 표4와 같다.

표4. 방문자 수단 별 예측

항목	인수(명)	%	비고
자가용차	0	0	주차장 없음
전철 JR	21,400	86	상응한 준비
자전거	1,800	7	자전거 주차장 확보
도보	1,790	7	
그 외	10	0	휠체어 참가
합계	25,000		

(실행위원회 자료)

(2) 방문자 실태

예측 방문자 수는 25,000명이었으나 실제 총 방문자 수는 55,000명으로서 예측치의 2.2배였다.

1) 철도 이용 방문자 실태

방문자 방문수단 별 방문 상황은 인근 역의 승강 인원 기록에 따르면 표5와 같다.

표5. 인근 역 승강 인원 기록[21)]

(단위: 명)

	시	22시	23시	24시	1시	계
JP 아사기리	승	318	375	3,891	3,043	7,627
	강	4,682	5,658	455	269	11,064
	계	5,000	6,033	4,346	3,312	18,691
산요	3,217					3,217
합계						21,908

(주)JR아사기리역 승강자 기록 단체 개찰구 개방으로 약 1,000명/h 추가 (역담당자)

2) 버스 이용 방문자 추산

JR 아사기리역 서쪽에는 버스가 출발하는 교차로가 설치되어 있고, 4개사에서 운영하는 12개 노선이 운행되고 있었다.

당일은 회사별로 각 5대씩을 증차하여 1차량당 50인을 승차한 것으로 가정하고 약 1,000명으로 추정하였으나 버스 이용자가 행사장으로 가는 가장 가까운 경로는 아사기리 육교였다.

3) 도보 및 자전거 등 방문자 추산

행사장 북쪽 주택지에서 도보와 자전거를 이용하는 방문자를 약 3,600명으로 예측했다.

행사장을 도보로 방문가능한 약 1Km범위의 주민 인구는 약 67,000명이며 실제 방문자는 55,000명이므로 반대로 계산하면 도보·자전거 방문자 수를 30,000명 이상으로 추정했어야 하는 것이다.

21) 오사카역 중앙개찰구 오전 8:30~9:00개찰 출구 통과 소요 시간 계측. 1레인 75~85명 통과 소요 시간 2분, 평균 명/3초

4) 행사장 내 이용 실태

경비회사가 추계한 내용에 따르면 23시 행사장 내 순간 체류 인원은 약 40,000명이었다. 따라서 이벤트 이용 면적 5만㎡의 밀도는 1.25명/㎡이다.

23시 23분의 행사장 내 방문자 체류상태를 살펴보면 무대 앞 해변의 경우 평균 밀도는 3명/㎡이었다. 방문자는 협력 부스 등 행사장 전체에 분산되어 있었다(저자 확인).

(3) 행사장 및 접근경로 군집 흐름 실태

예측 방문자 수 25,000명 중 아사기리 육교를 경유할 것으로 예측된 인원은 21,500명(표10)이었다. 그러나 실제로는 40,000명 이상이 경유한 것으로 추정된다.

제2장 혼잡사고 직전의 고밀도군집체류 발생

'아카시 카운트다운 2001'은 예정된 대로 22시부터 시작되었다. 21세기를 맞이하는 카운트다운 행사인 '빛의 연출'과 '불꽃놀이'가 23시 55분부터 신년 오전 0시 10분에 걸쳐 이루어졌다.

예측 방문자 수는 25,000명이었으나 실제 방문자 수는 55,000명 이었다. 따라서 23시 30분 경 주요 접근경로인 아사기리 육교와 계단은 이미 혼잡하였고 군집은 조금씩 앞으로 밀려가는 상황이었다.

이어서 카운트다운의 메인이벤트가 시작하자 방문자는 관람지점인 계단과 전망공간에 멈추어 서서 관람을 시작했다. 때문에 군집의 흐름은 완전히 정지되어 체류하기 시작했고 관람체류 군집 뒤로 후속의 군집이 계속 유입되었다. 이윽고 누적에 의해 가중밀도현상이 발생하게 되었고 군집은 급격하게 고밀도화되어 혼잡사고 직전의 고밀도 군집체류 상태에 이르렀다.

저자가 해당 현장에서 육안으로 관찰하며 긴급 경비조치 경비대를 운용 지휘했던 경험과 경비실시 보고서를 토대로 아사기리 육교 남단의 혼잡사고 직전 고밀도 군집체류 발생 상황을 분석한 결과는 다음과 같다.

1. 육교 및 계단 부근의 군집체류 발생

당초 예측한 육교의 이용자 수는 21,500명 이었다. 그러나 실제로는 40,000명 이상이 이용하였다.

또한 육교 남단 전망 공간에서는 카운트다운 · 메인이벤트인 '빛의 연출'과 '불꽃놀이'를 정면에서 관람할 수 있었다. 때문에 전망 공간에서는 일찍부터 관람 체류가 발생하고 있었다.

메인이벤트 개시와 동시에 전망 공간과 계단에 방문객이 멈추어 서서 관람하기 시작했다. 따라서 원활한 군집 유동을 예상하고 있던 유도로가 완전히 관람 행사장이 되어 버렸다. 또한 계단 아래에서는 폭 3m 계단입구로 관객이 집중하여 체류가 시작되었다. 게다가 전망 공간 엘리베이터 지상층 탑승 장소에서도 군집이 승강장으로 집중되어 위와 같은 고밀도 군집체류가 발생했다(저자 확인).

2. 혼잡 사고 직전의 고밀도 군집체류 발생

육교 통행 상황은 23시~24시 사이에 역 방면으로 향하는 군집 약 14,000명, 행사장으로 향하는 군집 약 1,700명이 교착했던 것으로 추정된다.

23시 30분에는 평균 밀도 4/㎡ 정도로 느린 유출입이 확보되어 있었다. 23시 55분에 '빛의 연출' 개시와 동시에 군집 흐름이 정지되어 급격하게 고밀도 체류되면서 해소되기까지 약 20분 간 고밀도 군집체류를 유지했다.

(1) 육교 주요 장소별 혼잡상황

아사리기 육교에서 군집이 유동하는 주요 장소는 전망 공간, 계단과 그 인근, 육교의 북단(JR아사기리역 포함)이다. 각 지점의 혼잡 사고 직전 초고밀도 군집체류 상황은 다음과 같다.

1) 전망공간 상황

'빛의 연출'과 '불꽃놀이'를 가장 관람하기 좋은 육교 남단의 전망 공간에는 이른 시각부터 군집이 체류해 있었다.

전망 공간에서 고밀도 군집체류 속으로 휩쓸렸던 참고인으로부터 저자가 상황을 청취한 결과는 다음과 같다.

① 23시 55분, '빛의 연출' 개시와 동시에 군집이 멈추어 서서 관람을 시작했다. 따라서 육교의 흐름이 순간 정체되기 시작했다

② 23시 경 JR을 이용하여 아사기리 역에 도착해 육교를 통해 행사장으로 향했다. 역과 육교는 엄청나게 혼잡했지만 23시 40분 경 전망 공간에 도착했다.

③ 23시 55분, '빛의 연출'이 시작할 즈음에는 보행자 진행이 완전히 멈추었다. 불꽃놀이가 시작된 순간 강한 힘에 의해 전망공간의 난간 방향으로 떠밀렸다.

전망공간에서 군집들은 관람하기 위해 정체됐고 이로 인해 발생한 체류는 육교의 통행을 저지하여 육교는 순식간에 관람장으로 변모해버렸다.

또한 육교의 중간 부근에서 행사장 방향으로 정지와 진행이 반복되었던 상황을 You Tube 영상으로 확인 할 수 있다. 그 결과, 전망 공간부터 육교 남단까지 추정 10명 ~ 12명/㎡의 고밀도 군집 체류가 발생했다.

사고조사위원회가 실시한 카운트다운 개최 시의 상황에 대한 면담조사 결과는 다음과 같다.

① 가슴에 걸어 두었던 카메라에 눌려서 갈비뼈가 부러질 것 같았기에 비디오카메라를 어깨에 고쳐 걸쳤다.

② 남북 방향으로 느린 파도와 같은 파동이 발생했다. 앞 사람의 머리가 턱을 파고들었다.

③ '빛의 연출'과 '불꽃놀이'가 시작되니 전망 공간에서 바다 쪽으로 강하게 떠밀렸다.

또한 육교 점검용 통로를 이용하여 역으로 향하는 젊은이 몇 명을 확인하였으며 육교 남단 서쪽 측벽에 바짝 달라붙어 있는 사람의 모습 또한 확인할 수 있었다(저자 확인).

2) 계단과 계단 직하 인근 상황

계단에는 캐노피가 없어서 위쪽으로 올라가면 행사장 전체가 한 눈에 들어오는 조망이 좋은 구조이다.

23시 경의 계단 통행 상황은 평균 밀도 4명/㎡로 천천히 진행하는 수준이었다. 그러나 '빛의 연출' 개시와 동시에 군집은 멈추어 서서 관람을 시작했고, 이것이 전망 공간 체류와 더해져 육교 남단부터 전망 공간 그리고 계단 일대에 급격히 고밀도 군집체류를 형성시켰다.

3) 육교 북단 및 JR 아사기리 역 앞 상황

JR전철은 심야운행을 위해 0시 ~ 2시 사이에 상·하행선을 합쳐 16편을 증편하였다.

아사기리역 개찰구의 승객 수용능력은 시간당 12,000명이다. 그러나 육교로 유출된 인원은 23시 ~ 24시의 1시간 사이에 약 14,000명이었으며 따라서 개찰구 쪽에서 체류가 발생했다.

게다가 자동발권기와 임시매표소 앞의 티켓 구매자 때문에 역의 앞쪽 공간도 혼잡했으며, 역 앞 교차로에서는 무단횡단이 발생하였다. 그 결과 육교의 북단 출구 유동에 지장이 발생했다(무선관제 기록).

(2) 고밀도 군집체류로 인한 육교 상황

표6은 육교 남단에서 고밀도 군집체류가 발생한 0시 10분 경 육교 전체 군집의 순간 체류 상황을 아래의 ① ~ ⑤의 구역으로 분할하여 추정한 결과를 나타낸 것이다.

표6. 고밀도 군집체류 발생 시의 순간 체류 추산

체류 장소	면적(㎡)	밀도/h	인원(명)	합계(명)
계단 아래 ①	400	7	2,800	2,800
전망 공간 ③	75	12	900	
육교 남쪽 ④	120	12	1,400	4,220
육교 북쪽 ⑤	480	4	1,920	
역 앞 ⑤	380	4	1,520	1,520
계단 층계참 ②	12	7	84	84
대기 열	1,400	4	5,600	5,600
계(計)	2,867		14,224	14,224
계단 ②	48단	3단 21	112	112
합 계			14,336	14,336

(3) 육교의 남단, 계단과 부근의 군집체류 상황

저자가 현장에서 육안으로 확인한 상황으로는 육교 남단의 서쪽이 특히 혼잡했다. 아이가 측벽에 바짝 붙어있는 모습과 육교 바깥쪽에 설치된 점검용 통로를 통하여 역 쪽으로 피난하는 사람, 계단 아래쪽에서 높이 1.5m 철조망을 넘어 국도 쪽으로 대피하는 사람의 모습도 볼 수 있었다. 유도도선으로 설정되어있지 않은 계단 입구로 군집이 모든 방향에서 모여 들었으며 계단에 있는 군집은 완전히 정지 상태로 계단 아래로 낙하되어 혼잡사고가 발생하기 직전의 상황이 확인되었다. 육교 남단 부근의 혼잡상황에 대한 이미지는 그림38과 같다.

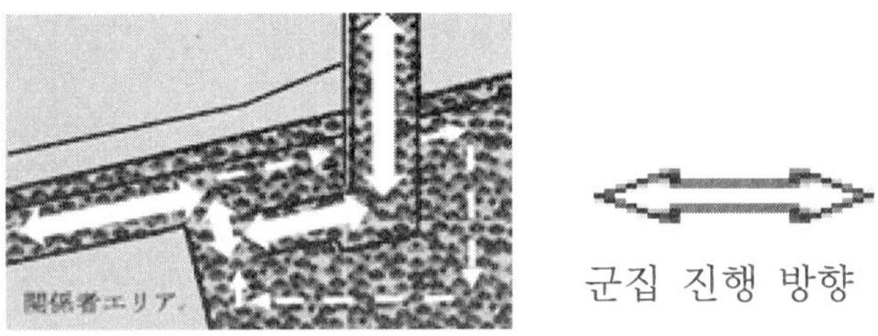

그림38. 계단, 육교 체류 이미지 그림

제3장 혼잡사고 위험회피를 위한 긴급 경비 조치

1. 긴급 경비 조치 실행 상의 혼잡 조건

육교의 남단과 계단에서 발생한 혼잡사고 직전 고밀도 군집체류 상황에 대하여 긴급경비조치 실시여부를 결정하기 위해서는 계단, 계단 아래, 육교 그리고 전망 공간에서 군집유도를 실시함에 있어서 아래와 같은 필요조건을 충족해야 한다.

(1) 육교로 군집이 집중되는 것을 방지하기 위하여 오오쿠라 아사기리 육교 방면으로 우회 조치 강화 필요성

(2) 밀도 완화를 위한 육교 유출입 금지조치의 필요성

(3) 계단 위와 전망 공간의 고밀도 군집체류 중심부를 유도할 경우 압력 균형

밸런스를 깨트릴 가능성이 높아 북쪽으로 육교 군집을 유도할 필요가 있는 경우

(4) 군집이 고밀도화 된 상태에서 계단 하향 방향으로 유도하면 추락의 위험성이 높을 경우

(5) 군집에게 행동 요청 등의 정보 전달이 필요한 경우

상기와 같은 조건을 충족한 상황 하에서 구체적으로 다음의 조치를 실시했다. 그 결과 긴급 경비 조치를 지시하고 약 20분 후「육교 완전 클리어」라는 경비원 보고를 받았다. 계단 위 군집을 육교로 올림으로서 육교와 계단 상의 밀도완화를 도모하여 혼잡사고를 미연에 방지하는 것이 가능했다.

2. 긴급 경비 조치

긴급 경비 조치의 구체적인 조치는 다음과 같다.

(1) 우회 유도 조치 강화

계단 아래쪽을 향해 귀가하는 군집이 계속 유입되는 것을 방지하기 위하여, 경비 계획에 정해진 대로 오오구라 아사기리 육교와 산요전철 오오쿠라다니역 방면의 우회 유도조치의 강화를 지시하였다.

그 결과 오오구라다니역에서 승차하는 사람이 많아졌다. 그러나 대기 줄이 있을 공간이 없어서 역 앞 경비원으로부터 응원 요청이 계속 반복되었다(무선 관제 기록).

이 조치는 고밀도 군집체류 발생 장소에 군집이 계속 집중되는 것을 방지하기 위한 것이었다.

(2) 계단 아래 입구에서 경비원의 유출입 금지 조치

'빛의 연출'이 시작되고 계단 위아래 유동이 완전히 정지된 후 계단에서의 실족 등이 계기가 되어 군집이 낙하할 위험성을 확인했다. 이를 방지하기 위해 계단 아

래에 경비원을 투입하여 계단 출입 금지조치를 실시했다.

이 조치는 계단 위 체류군집에 후속군집이 계속 유입되는 것을 방지하기 위함이다. 또한 계단 유출입을 금지하여 압력 밸런스를 유지함으로써 낙하를 방지하기 위한 조치기도 하다.

(3) 육교 체류 군집의 육교 북쪽방향 유도

육교에 체류하는 군집을 육교 북단 부근에서 차례로 역 앞 광장 방향으로 유도하여 육교 위 군집 밀도를 감소시키는 조치를 실시하였다.

이 조치는 계단 아래에서 육교의 체류 군집 밀도를 완화하기 위한 조치이다.

그리고 「육교 완전 클리어」 보고를 확인한 뒤에 군집에게 「계단은 상방향 일방통행으로 하겠습니다. 천천히 주의하여 올라가 주세요.」라는 취지의 홍보활동을 선행하여 계단 위에 체류해 있던 군집을 조금씩 육교로 유도하였다.

(4) 홍보 조치

육교 체류자를 유도할 때에 육교 체류 군집에게는 「이벤트는 종료하였습니다. 위험하오니 역 쪽으로 돌아가 주십시오.」, 계단 체류자에게는 「육교 체류자를 역 쪽으로 유도하고 있습니다. 계단과 계단 밑에 계신 분들은 유도를 개시할 때까지 움직이지 말아 주십시오.」 라는 취지의 「상황통보」와 [행동요청」을 명확하게 반복하여 실시하였다.

조치상황을 군집에게 전달하여 협조를 얻을 수 있으며 안심하게 할 수 있다.

제4장 혼잡사고 직전의 고밀도군집체류를 예측 못한 원인

고밀도 군집체류 발생을 사전에 예측하지 못한 원인에 대해 방문자 수 예측 등의 이벤트 기획 책정단계와 경비원 배치 및 운용 등의 경비계획 책정단계로 구분하여 분석하였다. 결과는 다음과 같다.

1. 이벤트 기획 단계

이벤트 실시에 해당하는 전문분야는 이벤트기획 분야와 경비실시 분야가 있다.

현재 이벤트 관계자들의 안전대책에 대한 인식은 이벤트 기획이 결정된 이후에 경비대책을 검토하면 된다는 식의 안일한 사고방식이 주를 이루고 있다.

그러나 이벤트 안전대책은 경비실시 분야만으로 달성하기 곤란하며 이벤트 기획 단계에서부터 안전대책에 대하여 면밀히 검토되어야만 한다.

일반적으로 이벤트 기획항목으로 취급되는 이벤트 기획단계에서의 다음 사항과 관련하여 혼잡사고 직전의 고밀도 군집체류가 발생할 것으로 예측하지 못한 원인에 대해 밝히고자 한다.

(1) 이벤트 관계정보 및 위험인식 공유 부족

이벤트 안전대책에 관한 각종 정보는 이벤트 관계자 전체가 공유해야 한다. 카운트다운 사례의 경우, 안전대책에 필요한 정보를 공유하지 않고 일부 관계자만이 독점하였다.

1) 이벤트 관련 정보 공유

아카시 카운트다운 2001에서는 다음과 같은 정보와 현장확인 정보를 일부관계자만이 독점하였다.

① 「AKASHI 천년제」 사무국과 카운트다운 실행위원회 간의 협의

「AKASHI 천년제」 사무국과 카운트다운 실행위원회 사무국이 카운트다운 행사에 대하여 협의(2001년 5월) 시, 아카시 천년제 담당자는 “2001년 말 아카시 천년제에서는 경비를 비롯한 모든 사람들이 매우 힘들었다.” “오오쿠라 해안 이벤트는 최대 2만 명 규모일 것이다.” 라고 발언했다.

그러나 경비업무를 수행함에 있어서 무엇이, 어떻게 힘들었는지나 오오쿠라 해안 이벤트 규모가 왜 최대 20,000명 규모라고 주장한 것과 관련된 근거 등 구체적 내용이 검토된 기록은 발견할 수 없었다.

② 카운트다운 실행위원회와 이벤트 관계자 간의 현지 협의

매년 이벤트 주최자와 고베 하버랜드의 카운트다운 이벤트 주관기관에서 경비관계자 없이 현장 확인을 실시해 왔다. 현장 확인에서 나온 "계단이 위험하다. 방해가 된다. 혼잡해지면 펜스를 타고 넘을 것이다."와 같은 정보 또한 제 32회 아카시 시민 여름축제 혼잡사고가 발생한 후 사고검토회의에서 밝히는 등 이벤트 관계자와 정보를 공유하지 않았다.

2) 형식적인 이벤트 관계자 회의

아카시 카운트다운 2001에서는 주최자 · 주최자 자체경비 담당 경비회사 · 경찰 · 교통기관 · 그 외 시설관리자 간 합동 경비회의가 개최되었다.

회의는 경비회사의 경비요령 설명과 질의응답으로만 이루어졌다. 고밀도 군집체류 원인에 관한 논의와 검토는 이루어지지 않은 형식적인 회의에 지나지 않았다.

(2) 방문자 수 예측 원인

방문자 수 예측은 이벤트의 안전 대책을 비롯한 모든 대책의 기초 정보이다.

아카시 카운트다운 2001에서 예측 방문자 수는 25,000명 이었으나 실제로는 예측의 약 2.2배인 55,000명이 방문했다.

이로 인해 주요 접근경로인 아사기리 육교를 비롯하여 각 접근경로의 방문자 유동량이 예상을 초월하였다. 이것은 아사기리 육교에서 혼잡사고가 발생하기 직전에 고밀도 군집체류를 발생시킨 원인 중 하나가 되었다.

아카시 시 및 행사장 주변의 인구실태 조사결과는 다음과 같다.

1) 아카시 시의 인구는 약 29만 명(아카시 시 2001년도 통계).

2) 행사장 주변 인구 실태

행사장 약 1km 안의 북쪽 주택지에 거주하는 도보 약 15분 권내 인구 실태는 표7과 같다.

표7. 행사장 1km 권내 인구실태

지역명	마을 수	세대 수	인구(명)
행사장 북동지역	21	8,641	18,165
행사장 북쪽지역	12	7,349	18,369
행사장 북서지역	17	6,954	15,289
행사장 서쪽지역	19	5,821	13,752
합 계	69	28,765	65,575

(2000년도 아카시 시 인구 통계)

예측 방문자 수가 25,000명일 경우, 철도를 이용하는 방문자가 약 21,000명 행사장 주변 방문자가 약 3,600명이다.

철도를 이용하는 방문자 수에 비해 행사장 주변에서 행사장을 방문할 것으로 예측한 수가 극단적으로 적다. 이 예측 방문자 수와 실제 방문자 수의 차이는 실제 위의 표7에서 시사하는 바와 같이 행사장 주변 주민에 대한 예측오차에서 비롯되었다.

특히, 행사장 북동지역 및 북쪽지역의 주민은 아사기리 육교를 이용할 것이라는 걸 예측할 수 있다. 이 또한 아사기리 육교에서 고밀도 군집체류 발생시킨 중요한 원인이 되었다.

(3) 행사장 공간이용계획(행사장 레이아웃)

행사장 공간이용계획은 행사장 내 군집유동 및 행사장 출입구 부근의 군집유동을 규정한다.

행사장 총 면적은 약 72,000㎡이며 불꽃놀이 보안범위와 이벤트 관계자 이용범위를 제외한 이벤트 이용면적은 약 50,000㎡이다.

이벤트 기획 시 아카시해협 대교를 배경으로 하여 연출하는 것을 기본 구상으로 행사장 레이아웃이 설정되었으며 관람 레이아웃으로는 해안가 약 1만 4천㎡를 설정하였다.

또한, 육교 계단 부근의 혼잡을 완화하기 위하여 다음의 조치를 실시했다.

1) 이벤트 스테이지를 계단 아래에서 서쪽방향 약 150m 해안선에 설치
2) 방문자를 끌어 모아 체류를 만드는 노점이나 협찬부스는 계단아래 약 140~200m 서쪽에 설치
3) 계단으로 방문자가 광범위하게 집중되는 것을 방지하기 위해 계단아래 서쪽 방향 약 150m에 걸쳐서 방문자 유도노선(폭 12m)을 설정. 계단 아래를 이벤트 관계자 공간으로 설정하여 텐트 및 간이 건물을 설치함으로서 계단아래의 유도통로를 물리적으로 설정했다(그림39).

유출도선인 폭 3m 계단으로 모든 방향에서 행사장으로 방문자가 집중되는 것을 방지하기 위한 군집유도 상의 조치로서 이 공간 이용은 적절하였다.

그러나 통로 폭이 12m로 계단 폭의 약 4배에 달함에도 불구하고 유도도선 설치 등 어떠한 안내조치도 없었기 때문에 계단아래에서 고밀도 군집체류가 발생하게 되었다.

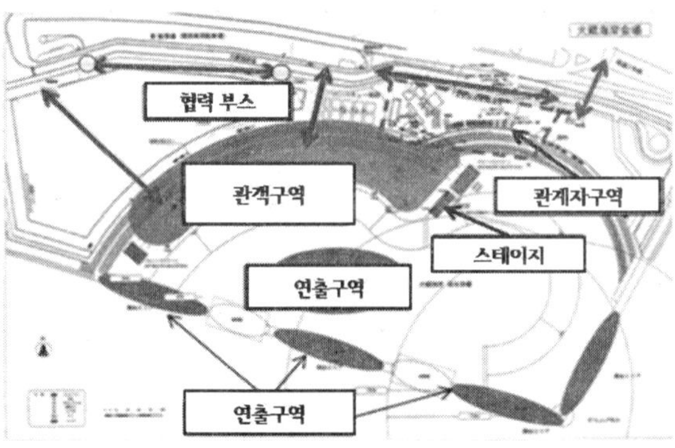

그림39. 행사장 공간 이용계획 (계획서 인용)

제1편 사례 1 제 32회 아카시 시민 여름축제에서는 계단 아래 부근에 노점을 배치하여 계단 통행에 큰 영향을 끼쳤다. 전술한 1) ~ 3)의 행사장 레이아웃과는 큰 차이점이다.

(4) 행사장과 그 주변의 군집유동 계획

행사장과 그 주변 군집유동 계획은 행사장 이용계획과 연동되어야 한다.

또한 행사장 레이아웃이 한정되어있는 폐쇄적인 행사장일 경우에는 접근경로의 군집 유동량 및 접근 우회도로 설정 가능 여부와 대피 공간 유무가 중요한 조건이 된다.

행사장인 오오쿠라 해안은 행사장 자체는 넓지만 행사장 접근경로는 아사기리육교 등 4곳으로 한정된 폐쇄적 행사장이다. 따라서 행사장 이용계획과 군집유동계획을 연동할 필요가 있다. 특히 주요 접근경로인 아사기리육교는 군집대피로가 확보되지 않은 폐쇄적인 공간이라는 점이 검토조건이다.

1) 계획 책정 시 행사장 접근경로 예측 통행 수 추산

예측 방문자 수가 25,000명일 경우 행사장 접근경로인 아사기리육교, 오오쿠라 아사기리육교, 산요전철 오오쿠라다니역 및 행사장 서쪽의 주택밀집지에서 행사장으로 향하는 각각의 접근경로에 대한 예측유동 인원수를 지역별 인구를 근거로 추정한 결과는 표8과 같다.

그러나 카운트다운 경비계획 책정 단계에서 이러한 과정은 생략되었고, 경험과 감에만 의존한 채 방문자 유동을 예측하여 군집유도계획을 세웠다

이로 인해 '육교의 통행이 혼잡해질 경우 오오쿠라 아사기리육교로 우회를 유도한다.' 라는 대략적인 방문자 유도계획이 만들어졌다.

또한 이러한 접근경로 예측유동 결과를 그대로 받아들여 아사기리육교를 일방통행으로 설정해야 한다는 사실을 간과했다. 따라서 일방통행 실시 조건인 * 우회도로 설정의 검토 * 일방통행 실시 기준 설정 * 유도 요원 및 홍보 설비 등의 경비 기자재에 대한 검토도 이루어지지 않았으며 경찰 등과 협력한 기록도 없다.

표8. 행사장 접근경로 예측 통행 인원 수

접근경로 장소 및 경로	%	통행 인구(명)
아사기리 육교	86	21,500
오오쿠라 아사기리육교	6	1,500
오오쿠라다니역 방면	6	1,500
그 외 서쪽방향	2	500
계	100	25,000

2) 실 방문자 55,000명의 접근경로별 체류인원 추정

직근역의 승하차자 관련 기록과 23시경 행사장 내 전체 체류자 수40,000명, 불꽃놀이 후 스테이지 이벤트 체류자 수 약 10,000명(경비회사 조사), 경비가 해제된 오전 3시 등 여러 조건을 기준으로 한 행사장 접근경로별 체류인원을 추정한 결과는 표9와 같다.

표9. 행사장 접근경로별 유출입 실태 (추정)

접근경로 장소 및 경로		~23시	~24시	~1시	계
아사기리육교	유출	4,100	11,000	10,500	25,600
	유입	10,000	1,700	800	12,500
오오쿠라 아사기리육교	유출	1,200	3,000	2,000	6,200
	유입	3,200	2,100	200	5,500
기타	유출	1,600	1,800	1,800	5,200
	유입	100	1,000	100	1,200
유출(流出) 합계		6,900	18,800	14,300	37,000
유입(流入) 합계		15,300	4,800	1,100	19,200

위와 같이 이벤트 개최시간인 23시부터 다음날 오전 2시까지의 3시간 사이에 예측 방문자수가 25,000명일 경우 아사기리육교를 통행할 수 있는 인원은 14,000명/h 이다. 카운트다운 빛의 이벤트 개최 전후 관람 때문에 발생하는 체류에 의한 통행량에 대한 과제는 남아있으나 통행은 가능했을 것으로 추정할 수 있다.

그러나 실제 방문자 55,000명을 기준으로 할 경우 접근경로별 추정치를 보면 각 시간대 특히 고밀도 군집체류가 발생한 23시 ~ 다음날 1시에는 통행량이 대폭 초과되는 것을 확인할 수 있다. 행사장 접근경로 통행량과 군집 유도대책을 구체적으로 검토할 필요가 있다.

(5) 이벤트 프로그램

이벤트 프로그램의 성격에 따라 관람객의 흥분정도, 가족 참가형 등의 참가자 계층, 방문자의 유동형태를 유추할 수 있다

아카시 카운트다운 2001의 성격은 신세기를 맞이하는 엄숙함과 축하의 성격을 동시에 갖는 행사였다. 이벤트 프로그램은 신세기를 맞이하는 '빛의 연출'과 불꽃놀이를 메인으로 구성되었다. 전반부는 아카시 시가 주최하는 행사로서 북 연주와 횃불 행사가 예정되어 있었는데 이는 아이와 고령자 등 노약자를 포함한 폭 넓은 연령층이 참가할 것으로 예상되는 프로그램이었다.

또한 후반부의 스테이지 이벤트는 유명한 탤런트가 사회를 보고 장관 인사와 각종 퍼포먼스를 개최할 예정이었기 때문에 후반부 행사만을 참가하기 위해 방문하는 사람이 다수 있었을 것으로 예상할 수 있다.

따라서 방문자 유동형태는 행사 개시 전 유입, 메인이벤트인 불꽃놀이 전후에 전반 행사 참가자 유출, 후반 행사 참가자 유입 그리고 이벤트 종료 시 유출 등 행사진행 중 지속적으로 유동이 발생하는 구조이다.

특히 불꽃놀이 등의 메인 행사 전후에는 아이와 고령자가 중심으로 한 유출유동과 후반 스테이지 이벤트에 참가하는 유입유동이 교착할 것으로 예상할 수 있다.

이벤트 계획 및 경비 계획 책정단계에서는 이벤트 프로그램 별로 군집의 유동형태 검토가 전혀 이루어지지 않았으며 군집에 대한 유도정책도 부족하였다.

(6) 이벤트 홍보

이벤트 홍보는 사전홍보와 현장홍보로 구분된다. 사전홍보는 홍보효과를 확인함으로서 완료되는 것이다.

또한 이벤트 현장홍보는 오감을 자극하는 매체와 방법으로 이루어져야 하며 안내 간판 등의 단일 홍보 매체로는 충분치 않다.

카운트다운에서는 다음의 홍보 매체(표10)로 이벤트의 사전홍보가 이루어졌으나 홍보효과의 측정은 실시하지 않았다.

표10. 아카시 카운트다운 2001 홍보 매체

주체	홍보 매체
실행위원회	• 지역 커뮤니티, 4대 신문(지역판)
지역자치회	• TV, 역 홍보물, 그 외 기타
인터넷 박람회	• 인터넷, 4대 신문, TV

〈아카시 카운트다운 2001 기획서〉

만약 지역 커뮤니티지(紙) 외 기타 방법으로 효과측정을 실시하여 어떠한 형태로든 카운트다운 이벤트 참가의사 조사가 실시되었다면 행사장 주변에 거주하는 주민의 예측 방문자 수가 약 3,600명이라는 오차는 발생하지 않았을 것이다.

이벤트 개최 공지를 위한 사전홍보에서는 주차장 부족 때문에 공공교통기관 이용을 장려했지만 방문통제 등과 관련된 홍보는 이루어지지 않았다.

또한 이벤트의 현장홍보는 행사장 안내와 관련하여 입간판 방식을 중심으로 이루어졌다. 때문에 확성기 등의 유도 홍보장치는 설치하지 않았고 경비원이 소지하는 휴대용 확성기만 있었다. 따라서 홍보내용이 명확하지 않아 군집 체류 시 정보전달이 제대로 이루어지지 않았다.

(7) 행사장 지형 및 접근 경로 구조 조건 원인

아카시 카운트다운 2001 행사장은 전술한 바와 같이 행사장 지형은 폐쇄적이며 접근경로가 한정적이다.

더욱이 주요 접근경로인 아사기리 육교의 설계 구조 콘셉트는 아카시 해협 대교와 세토우치 내해관람이다. 따라서 이벤트 개최로 인한 밀도 높은 군집의 통행은 상정이 되어있지 않은 상황이었다.

또한 육교와 해안으로 가기 위한 계단이 육교 폭 절반인 3m에 불과했다. 따라서 군집유동 시에 병목현상이 발생하기 쉬운 구조였다. 게다가 계단에는 캐노피가 설치되어 있지 않았으므로 계단 위쪽은 행사장 일대와 불꽃놀이를 조망하기에 최적의 장소가 되었다.

이와 같은 육교 설계 콘셉트를 이해하고 행사에 미치는 영향에 대해 검토가 이루어졌어야 한다. 특히 카운트다운 메인이벤트인 "빛의 연출"과 불꽃놀이가 개시되는 순간에는 육교에 멈추어 서서 관람하는 체류군집이 발생할 우려가 높다는 것을 예측했어야 했다.

그러나 방문자 수 예측과 경비 진단 자체가 부실하여 예측은 빗나갔고 관람 체류를 방지하기 위한 가림막 등 어떠한 조치도 취하지 못했다.

이 때문에 불꽃놀이를 쏘아 올렸을 때 육교 전체가 관람 장소가 되어버려서 혼잡 사고 직전의 고밀도 군집체류가 발생하게 되었다.

제1편에서 서술한 아카시 혼잡사고 조사 위원회가 실시한 면담조사에서는 육교 위의 체류 상태를 다음과 같이 증언했다.

1) 육교의 거의 중간 부분부터 불꽃놀이가 시작됨에 따라 멈췄다가 다시 조금 전진 했다가…….
2) '불꽃놀이'를 하고 있는 사이는(멈추어 서서) 불꽃놀이를 보고 있었다.

또한 아카시 카운트다운 2001에 관련된 증언은 다음과 같다

1) 불꽃놀이 때문에 육교에서 계단으로 향하는 통행이 완전히 멈추었다.
2) "빛의 연출" 개시와 함께 군집이 멈추어 서서 관람을 시작했기 때문에 육교 흐름이 멈추어 버렸다.
3) "빛의 연출"이 시작했을 즈음에는 육교의 통행은 완전히 멈추었다.

라는 증언이 있었다.

아카시 카운트다운 2001 불꽃놀이 전후의 육교 내부 혼잡상황은 실사 영상이 you tube에 제공되어 있으므로 참고삼아 표시해 둔다.

2. 경비계획 책정단계

「경비는 계획이 80%」 라고 그 중요성을 언급하는 바와 같이 경비계획은 이벤트 안전을 위한 경비와 관련된 조직편성 · 경비원배치 및 경비홍보 · 경비 기자재 설치 그리고 운용 등 구체적인 방법을 책정하는 것이다.

경비계획이 졸속여부가 이벤트의 안전대책을 좌우하기 때문에 경비계획에 책정 시 문제점에 대해 명확히 확인해 봐야 할 것이다.

경비계획 책정단계의 주요요소는 다음과 같다.

- 이벤트 관련 정보의 수집과 분석
- 군집유동과 관련된 학술이론을 활용하여 과학적으로 경비를 진단
- 경찰, 소방과 공동 경비 진단을 실시하는 등의 상호연계
- 경비 계획 시뮬레이션 실시

아카시 카운트다운 2001의 경비실시 결과보고서에 따라 아사기리 육교의 과제와 대처방안 그리고 군집유동 실태에 대한 검토가 이루어졌어야 했으나 이루어지지 않았다.

(1) 불충분한 이벤트 관련 정보수집과 분석

이벤트 경비계획 책정 시 반드시 분석해야 할 이벤트 관련 정보는 다음과 같다.

- 동일 행사장에서 비슷한 이벤트 개최 실적
- 다른 행사장에서 비슷한 이벤트 개최 실적
- 비슷한 이벤트에서 발생한 혼잡사고, 혼잡사고 직전의 고밀도 군집체류의 발생 상황

1) 동일 행사장에서 비슷한 이벤트 개최 실적

아카시 카운트다운 2001을 개최한 오오쿠라 해안에서는 2000년 12월에 2만 명 규모의 「AKASHI 천년제」가 개최되었는데 극심한 혼잡으로 경비대응에 많은 혼란이 발생했었다.

2) 다른 행사장에서 비슷한 이벤트 개최 실적

고베 하버랜드에서 매년 카운트다운 이벤트를 개최하고 있는 실행위원회 담당자가 현장 관찰 시 계단의 위험성을 지적했었다.

카운트다운 경비계획 책정 관계자는 이와 같은 이벤트 관련 정보수집과 분석을 충분히 검토하지 않았으며 주최자 또한 이에 관한 정보를 제공하지 않는 등 안전

대책에 필수적인 정보가 관계자 사이에서 공유되지 않았기에 경비계획에 반영되지 못했다.

3) 비슷한 이벤트에서 발생한 혼잡사고, 혼잡사고 직전의 고밀도 군집체류 발생상황

희생자가 따르는 혼잡사고는 이벤트 행사장 접근경로가 한정된 폐쇄적인 지형과 행사장 접근경로가 폐쇄적이어서 도망갈 곳이 없는 구조에서 발생한다.

아카시 카운트다운 2001에서 오오쿠라 해안 행사장은 행사장 접근경로가 4곳으로 한정된 폐쇄적인 행사장이다. 또한 주 접근경로인 아사기리 육교도 폐쇄적인 공간이다.

방문자 유도 시 예측 방문자 수에 근거하여 시설정비와 경비조치가 필요하였다. 그러나 관람 체류 방지와 JR 아사기리 역 앞 그리고 육교 계단 아래 방문자의 유도 조치는 계획되지 않았다.

(2) 군집 유동에 관한 이론을 활용한 과학적 경비 진단 미비

학술 분야에서는 군집유동에 대한 군집의 특성과 군집심리, 밀도와 속도, 군집의 통과 가능 인원 계산 방식 등에 관하여 각종 연구 성과가 발표되고 있다.

군집유동과 관련된 학술이론을 활용하여 경비계획책정 담당자의 「경험과 감」에만 의존하지 않는 과학적인 경비진단이 필요하다.

아카시 카운트다운 2001에서는 경비계획 책정 시 군집유동에 대한 각종 연구성과 활용을 검토하지 않고 경험과 감만으로 경비계획을 책정한 것이 명백하다. 특히, 행사장과 주변지역의 방문자 유동 시뮬레이션과 방문자가 대폭 증가할 경우의 위기관리 대응이 이루어지지 않았다.

예를 들면 경비계획에서 육교의 혼잡 완화대책 검토 시 '주요 접근 경로 아사기리 육교가 혼잡해지면 우회 조치를 한다.'라는 식의 구체적 실천계획을 제시하지 않은 막연한 대책을 수립한 것이다. 육교 통행 가능 인원 및 일방통행 실시의 기준을 명확히 하는 조치, 혼잡한 군집을 통제하여 일방통행으로 이동시키는 경비조치의 어려움 등과 관련된 면밀한 검토가 부족했던 것으로 파악된다.

(3) 경찰 소방과 공동 경비 진단 실시 등의 연계 부족

주최자가 실시하는 자체 경비 활동은 주최자 관리 권한의 대리하여 행사하는 범위 안에서 이루어지는 활동으로 군집의 통제와 관련된 법률상의 권한은 부여되지 않은 활동이다.

이에 반해 경찰활동은 경찰법·경찰관 직무 집행법과 도로교통법 등의 법적근거에 따른 활동이 이루어진다. 또한 소방기관은 소방법에 근거를 두고 강제력을 가지는 활동을 수행하므로 이벤트 경비 시 활동의 본질과 성격이 다르다.

그러나 이벤트 경비현장에서 방문자의 안전을 위해 활동한다는 목적은 같으며 모든 활동에 있어서 안전대책에 관한 책임은 어떤 이유가 있더라도 면제받을 수 없는 일이다.

따라서 면밀한 연계·협력은 경비실시 당일뿐만 아니라 경비계획 책정단계에서부터 반드시 필요한 사항이다.

아카시 카운트다운 2001에서는 주최자를 포함하여 경찰, 경비회사가 이벤트 개최 행사장에 대한 공동 경비진단을 3회 실시하였다. 그러나 군집유동에 관한 학술이론을 활용한 과학적이고 면밀한 경비진단은 이루어지지 않았다.

(4) 경비계획 사전 단계에서 실전적 운용 시뮬레이션 결여

경비계획에서는 이벤트 진행에 따라 현장에서 군집유동을 상정하여 유도대책과 통제 조치 등의 안전대책을 책정하게 된다.

또한 경비현장은 살아있는 생물이어서 예기치 못한 군집유동 동향이 발생하기도 하기 때문에 경비계획이 책정되면 경비본부 요원에서 자체 경비 담당자를 포함한 모든 사람들이 이벤트 진행에 대응하여 모의 시뮬레이션을 실시해야 한다. 이를 통해 경비계획의 적정성을 검토하고 예상하지 못한 사안이 발생하는 데에 따른 위험관리 대책을 검토하고 필요한 부분을 수정해야 한다.

카운트다운에서는 종합경비본부 요원 간 시뮬레이션 검토는 이루어졌으나 병설된 오오쿠라 해안 행사장 경비본부 요원과 함께 실천적인 운용 시뮬레이션은 실시하지 않았다. 이로 인해 고밀도 군집체류가 발생하는 것을 예측하지 못했다.

제5장 혼잡사고 직전의 고밀도 군집체류를 회피하지 못한 원인

아카시 카운트다운 2001에서 혼잡사고 직전 고밀도 군집체류를 예측하고 회피하지 못한 경비계획 책정 상의 원인에 대하여 과학적 진단의 미비점과 실전운용 훈련 부족에 대해서는 앞서 서술하였다. 단, 계획상의 미비점이 있다 하더라도 경비실시 현장에서 정보를 분석하여 고밀도 군집체류를 예측하고 조기에 적정한 경비조치를 실시함으로서 고밀도 군집체류를 회피할 수 있다. 여기에서는 경비실시 현장에서 고밀도 군집체류를 회피하지 못한 원인에 대해 생각해 보고자 한다.

주요 원인은 다음과 같다.

- 방문자 수 실태 등 정보 수집 · 분석 부족
- 경비본부 기능 및 경비본부 요원 능력 부재
- 현지 경찰 경비본부와의 연계 · 협력 활동 부족

1. 방문자 및 방문자 유동 실태에 관한 정보 수집 · 분석 부족 원인

(1) 방문자 실태 정보부족

안전대책 중에서도 경비실시 활동은 이벤트 프로그램 진행상황에 맞춰 방문자 수 및 방문자 유동 실태에 대응하며 유연하게 이루어져야 한다. 따라서 경비실시 활동의 기본은 방문 수단 및 방문 경로 별로 방문자 수의 실태를 파악하는 것이다.

행사장 접근경로가 4곳으로 한정되어 있었으므로 방문자 수 실태 파악은 제5편 2. (1)에 표시한 기자재를 활용하면 용이하게 실시할 수 있다.

예측 방문자 수는 2만 5천 명, 실제 방문자 수는 5만 5천명으로서 2.2배였다. 또한 행사장 내 체류 실태만 파악하고 유동인원수 실태를 파악하지 않은데 문제가 있었다.

(2) 방문자 유동 분석 부족

아사기리 육교는 행사장 북쪽 주민과 JR 이용자가 통행할 곳으로서 계획 단계에서부터 2만 1천명 이상 이용할 것으로 예상된 주요 접근경로이다. 따라서 안전대책에 있어서 중요한 곳이라는 것은 이미 충분히 확인된 사실이었다.

그러나 JR역 승강실태에 관한 정보수집과 주민 통행실태를 파악하는 등의 조치가 누락된 것이 경비실패의 큰 원인이 되었다.

2. 경비본부 기능 및 경비본부 요원 능력 원인

경비본부는 경비계획을 경비현장에 적용하고 이벤트 진행과 군집유동에 대한 정보를 수집·분석하며 주최측과 경찰의 현지 경비본부와 연계하여 적정한 경비조치를 지시하고 그 결과를 확인하는 경비 활동의 중심조직이다.

따라서 경비본부 요원에게는 정보 분석 능력, 경비 실시 지식 그리고 무선 관제 기술 등 경비본부 기능 발휘를 위한 높은 지휘능력이 요구된다.

「아카시 카운트다운 2001」의 경비실시 계획에서는 주 행사장 오오쿠라 해안에 3 행사장을 총괄하는 '종합 경비본부', 오오쿠라 행사장 경비를 지휘하는 '오오쿠라 행사장 경비본부'를 병설하여 종합 경비본부가 오오쿠라 경비본부를 지원하는 편성체제를 구축했다. 이는 조직 활동을 전제로 하는 책임 경비구역 방식, 경비 활동의 중앙조정방식의 경비실시 체제이다.

이 체제는 정보분석, 조치·대응, 상황판단, 무선관제를 종합경비본부와 오오쿠라 해안 행사장 경비본부가 상호 보완함으로서 기능을 발휘시킬 의도로 편성한 것이다. 그러나 다음과 같은 원인으로 경비본부가 기능 부진에 빠져버렸다.

(1) 부족한 정보수집과 분석·경비 조치 판단 지연

종합경비본부 요원은 조직 활동에 대한 충분한 경험이 있으므로 익숙하지 않은 오오쿠라 해안 행사장 경비본부 활동에서도 기존의 경험으로 보완하여 지휘기능을 발휘할 것이라고 기대하였다. 그러나 경험만으로는 상호간의 연계와 지원활동이 부진할 수밖에 없었다.

그 결과 방문자 유동 정보 수집이 부족하여 고밀도 군집체류를 회피하는 그 어떠한 경비조치도 실시하지 않은 채 방치하였고 결과적으로 육교 남단에서 고밀도 군집체류를 초래하였다.

(2) 경비본부 요원 패닉

경비본부의 중요한 기능은 위기에 직면했을 때에 국소적인 대응을 하는 것이 아니라 이벤트 전체의 경비상황을 총괄하여 위기를 회피하는 위기관리 기능이다.

아카시 카운트다운 2001에서는 육교 및 계단의 혼잡정보를 수신함과 동시에 경비본부에 요원 2명만을 남긴 채 다른 요원들은 계단 아래로 향했다. 난생처음 실제로 혼잡사고 직전의 위기 상황을 본 경비본부 요원들은 패닉에 빠져서 계단 위에서 체류 중인 군집에게 소리를 지르는 등 경비본부의 제 기능을 발휘하지 못했다.

그 원인은 경비본부 요원의 경비본부 기능 인식부족, 고밀도 군집체류 대응에 대한 기본 지식 및 군집 유도 시뮬레이션 부족 그리고 위기상황에 대한 경험 부족에서 찾을 수 있다.

Love Parade 혼잡사고에서 주최측이 게시한 You Tube 영상 설명에 따르면 유도로의 통제요청을 위해 경찰의 책임자와 연락하는 데 약 45분이 걸렸다고 한다. 아카시 카운트다운의 경우도 이와 마찬가지로 경비본부 요원이 패닉상태에 처함으로써 상황을 냉정하게 분석하고 총괄하지 못했고 이는 결국 경비본부 기능마비로 이어져 참사를 야기한 것으로 볼 수 있다.

3. 경찰 현지 경비본부와의 연계 활동 원인

아카시 카운트다운 2001의 경비 실시 계획에서는 경찰지도와 현장활동 연계 강화를 규정하고 있다.

이 방침에 근거하여 이벤트 사전 설명을 포함한 6회의 협의가 이루어졌고 경비회사를 포함한 수차례의 합동 현지 경비 진단이 실시되었다.

또한 아카시 카운트다운 2001 이벤트 개최 약 5개월 전(2009년 8월)에는 효고

현 경찰본부, 관계 3서, 경비회사, 실행위원회 사무국이 주재하는 「경비 검토회」를 개최하였다.

그러나 회의의 내용은 경비원 배치와 유도 간판, 폭주족 대책에 관한 검토밖에 없었다. 경비 대책 상 중요한 군집 유동과 그 위험 장소 등 구체적인 과제에 대한 사항은 검토되지 않았다.

게다가 경비업무를 실시함에 있어서 자체 경비본부와 경찰의 현지 경비본부 간 정보교환과 같은 연계활동이 부족했다. 뿐만 아니라 자체 경비본부는 경찰활동을 파악하지 못한 상태에서 경비활동을 수행하는 등 연계·협력 활동이 부족하였다.

제6장 정리

아카시 시내 오오쿠라 해안에서 개최된 「아카시 카운트다운 2001」의 행사장 접근경로인 아사기리 육교 남단 부근에서 혼잡사고 직전의 위험한 상태가 야기되었으나 긴급 경비 조치에 의해 혼잡 사고는 발생하지 않았다.

그러나 약 7개월 후에 같은 행사장에서 개최된 「제32회 아카시 시민 여름 축제」에서는 육교 남단 부근에서 아카시 카운트다운 2001과 같은 종류의 고밀도 군집체류가 일어나 다수의 희생자가 발생한 혼잡사고가 일어났다.

「아카시 카운트다운 2001」에서 고밀도 군집체류 발생을 예측하지 못한 원인을 분석한 결과는 다음과 같다.

아카시 카운트다운 분석결과

- **혼잡사고 직전의 고밀도 군집체류를 예측하지 못한 원인**
  - **이벤트 계획단계에서의 원인**
    1. 이벤트 관계 정보 및 위기의식 공유 원인
       안전 대책에 필요한 정보 독점 ~ 제4장 1 (1)
    2. 방문자 수 예측 원인
       방문자 예측 지역 결락 등 실질적인 방문자 수 예측의 필요성
    3. 행사장 이용 계획 원인 ~ 제4장 1 (3)
       행사장 이용 계획 정보 공유 부족
    4. 행사장과 그 조분 군집 유동 계획 원인 ~ 제4장 1 (4)
       행사장과 접근경로 유도 계획 검토 부족
    5. 이벤트 프로그램 원인 ~ 제4장 1 (5)
       이벤트 프로그램 별 군집 유동 분석 부족
    6. 이벤트 홍보 원인 제4장 1 (6)
       방문 사전 · 당일 홍보 부족
    7. 지형 · 접근 경로 구조 조건 원인 ~ 제4장 1 (7)
       피난로 • 군집 심리 검토 부족
  - **경비 계획 책정 상 원인**
    1. 부족한 이번트 관계 정보 수집 · 분석 ~ 제4장 2 (1)
       동일 행사장 • 비슷한 이벤트 정보 수집 • 분석 부족
    2. 학술이론을 활용한 과학적 경비 진단 부족 ~ 제4장 2 (2)
       학술이론을 무시하고 경험에 의존한 경비 진단
    3. 경찰 · 소방 기관과 연계 부족 ~ 제4장 2 (3)
       형식적인 공동 경비 진단 · 개최 당일 정보 공유 부족
- **혼잡사고 직전에 위기를 회피하지 못한 원인**
  - **경비본부 기능 원인**
    1. 경비본부 기능 이해 부족 ~ 제5장 1
       조직 경비 중심기능 부진
    2. 경비 본부 요원 능력
       위기 시에 경비 본부 요원 패닉
  - **경찰 현지 경비본부와 연계 부족 ~ 제5장 2**
    1. 연계 사전 협력 부족
    2. 개최 당일 정보 공유 부족

그림40. 아카시 카운트다운 2001 분석 결과

참고문헌

(1) 貝辻正利、北後明彦,大規模イベント 「ジャパン・カウントダウン2001」 の高密度群集滞留の予見と危機の回避が出来なかった要因に関する事例分析」神戸大学工学研究科、紀要、2010年第2号

(2) 貝辻正利, 雑踏事故要因である大規模イベントでの高密度群集滞留の発生防止に関する研究, 神戸大学博士論文, 2012

(3) 明石海峡世紀越えイベント実行委員会, 「明石海峡世紀越えイベント実施計画」, 2000

(4) 明石海峡世紀越えイベント実行委員会, 「明石海峡世紀越えイベント実行委員会総会」 報告

(5) ㈱ジャパンメンテナンス, 「ジャパン・カウントダウン2001 警備実施結果報告書」, 2001

(6) 明石海峡世紀越えイベント実行委員会, 「イベント関係者現地打ち合わせ議事録」, 2001

(7) 社団法人全国警備業協会, 警備業法の解説, ㈱立花書房, 2008

제3편

사고요인은 어떻게 예측하는가?
- 요인분석을 기초로 한 예측방법 -

제 3 편

사고요인은 어떻게 예측하는가?

- 요인분석을 기초로 한 예측방법 -

제1편은 혼잡사고 발생 메카니즘을 밝혔고, 제2편에서는 아카시해협 세기(世紀)의 전환 「저팬 · 카운트 2001」 이벤트 행사를 분석함으로써 혼잡사고 직전의 고밀도 군집체류의 예측과 위기로부터 회피하지 못한 요인에 대해 밝혔다. 그 요인은 크게 행사기획단계와 경비계획수립단계로 구분할 수 있다.

본 편에서는 안전대책상 기본사항과 복잡사고의 요인인 고밀도 군집체류의 예측방안과 효과적이었던 사례를 서술하고자 한다.

제1장 행사기획단계에서의 군집체류 예측방안

행사기획이란 이벤트를 실시하기 위해 필요한 행사내용, 행사장 레이아웃, 스탭배치, 그 외 시설이용 계획 등에 대하여 구상하는 것이다. 사실 이벤트 기획은 주최자와 행사기획자가 독자적으로 기획 · 확정하고 난 이후에 경비 등의 안전대책을 검토하는 것이 일반적이다. 극단적인 경우에는 행사기획자가 안전대책에 대한 고려 없이 일방적으로 경비회사에 경비대책 개요를 알려주고 위탁하는 경우도 있다.

혼잡사고 원인인 군집체류를 예측하기 위해서 행사기획단계 부터 주최자, 군집유동관련 학술분야, 행사기획 담당자, 경비대책 분야 등 각 전문분야의 경험과 지식을 토대로 다음과 같은 사항에 대하여 종합적인 검토를 실시해야 한다.

1. 행사개최 PR효과를 측정하고, 측정결과를 바탕으로 적절한 방문자 수 예측
2. 행사내용·형태를 바탕으로 적절한 행사장 공간이용 계획
3. 행사장과 주변 군집유동예측과 적정화(適正化)
4. 유도로와 접근로의 구조조건 검토 및 적정이용 계획

1. 방문자수 예측을 기초로 한 군집체류예측 방법

(1) 방문자 예측 요소 및 경비 대책

방문자수 예측에 있어 행사장 공간 이용, 행사장과 주변 방문자 유동, 행사장 접근경로 등에 대한 고려는 안전대책계획을 세우기 위한 기초수치이다.

경비대책면에서 방문자수 예측이 얼마나 중요한지 생각해보면, 방문자수 예측은 방문자 동선 설정과 유도방법 등에 필요한 최소한의 인원 및 운용, 필요 기자재에 대한 경비계획을 수립하고 경비비용 산정을 위한 기초자료로 이용된다.

통상적으로 경비계획은 예측된 방문자수보다 방문자가 많아지는 경우를 대비해 비상근무조 활동 등의 유연한 체제로 계획된다. 그러나 예측보다 큰 폭으로 방문자가 증가해 당초 경비계획에 포함되지 않았던 일방통행의 실시 등 기본경비대책에 까지 영향을 미치는 경우 경비력에 한계가 발생하게 되어 방문자 유도 및 통제에 문제가 발생한다.

예를 들어 제2편에서 분석한 「아카시 카운트다운 2001」과 같이 행사장 주변의 주민 참가자를 누락시켜 실제 방문자 수가 예측된 수의 2배를 초과하여 급격하게 증가한 방문자에 대응하기 위해 경비방식을 일방통행으로 전환했음에도 불구하고 우회도로의 설정과 경비인력, 기자재 부족으로 인해 적절히 대응하지 못하는 경우도 있다.

이상과 같이 적정 방문자수를 예측하는 것은 안전대책의 근간을 이루는 수치로서 큰 영향을 주는 요인으로 작용한다.

(2) 방문자 예측의 기본 방법

방문자 예측에서 고려해야 하는 사항은 다음과 같다.

1) 정치적, 사회적, 경제적인 정세 분석을 통한 예측
2) 행사PR(홍보)와 함께 병행하여 참가의식조사 등과 같은 효과 측정
   조사방법으로는 직접조사, RDD 방식, 인터넷을 활용한 방법 등이 있다.
3) 과거 유사한 종류의 행사 실시결과 분석

(3) 구체적인 방문자 예측 방법

방문자 체류를 예측하는 구체적인 기본방법은 다음과 같다.

1) 방문자의 지역별 방문예측을 근거로 방문수단별, 방문경로별 예측
2) 방문자의 방문수단별 예측·경로별 예측에 근거해 체류장소예측과 위험장소를 추출

「아카시 카운트다운 2001」에서는 행사홍보수단으로 각 가정으로 대상으로 한 광고지 배포활동도 실시했지만, 참가의사 등과 관련한 효과측정은 실시하지 않았다.

만약 효과측정을 실시하였다면 지역별 방문자 수 예측은 물론 방문자 수단별·경로별 예측이 가능했을 것이며, 혼잡사고의 원인이 되는 고밀도 군집체류 장소를 사전에 예측하고 그에 따른 대책도 강구할 수 있었을 것이다.

(4) 효과적인 방문자 수 예측 사례

필자가 관여했던 「2005 아이치 국제박람회」의 방문자예측 및 방문수단별, 경로별 예측방법, 안전대책 방법의 개요는 다음과 같다.

〈사례1〉 2005 일본 국제박람회 방문자 예측과 실적

(1) 방문자수 예측과 실적

2005 일본 박람회 협회가 발표한 공식자료에 따르면, 일본국내는 개최지인 아이치현, 관동지방, 긴키지방, 중부지방 · 미에현 · 시가현, 홋카이도 · 동북지방, 쥬코쿠(中国)지방 · 규슈 · 시코쿠 시방 · 오키나와 등 6개 지역, 국외는 1개 지역, 전체 총 7개 지역으로 분류해 방문자수를 예측하였다.

이처럼 지역별 · 경로별 · 방문수단별 방문자 예측을 바탕으로 하고 다시 계절 · 행사 등을 고려해 날짜별, 시간대별로 분류 · 예측하여 경비계획수립의 기초수치로 사용했다.

(2) 군집유동관련 이론의 활용과 위험정보의 공유

「아이치 국제박람회」의 안전대책은 행사장 내 안전대책과 행사장 외 수송 안전대책으로 분류하여 검토한 후 종합적으로 조정하였다.

필자가 경비실시관리로 담당했던 행사장 외 수송안전대책에서는 학계 전문가, 정부 및 개최지역 지자체, 경찰, 도로관계자, 철도, 버스·택시 사업자 등이 방문자 안전수송대책에 대해 검토를 실시하고, 검토결과를 수송관계 각 분야에 피드백함으로써 필요한 정보의 공유가 이루어졌다.

2. 행사장 공간이용계획에 따른 군집체류의 예측방법

(1) 행사장 공간이용계획 요소

안전대책에 관한 행사장 공간이용 계획은 행사장 및 주변의 방문자 유동에 영향을 미치기 때문에 다음의 요소들에 대해 검토할 필요가 있다.

1) 행사내용

행사내용은 흥분도 혹은 가족참가 등의 행사성격과 참가자 층을 규정한다. 방문자층이 젊은 사람들로 구성되는 흥분도가 높은 행사와 유아·어린이·고령자 및 휠체어 이용자 등 혼잡약자가 방문하는 가족참가형의 경우도 존재하며, 각각의 경우에 따라 유동속도에 영향을 미치는 유도계획, 위험장소대책 등이 상이하다. 또한 행사시간과 행사프로그램 구성으로 방문자가 일시적으로 특정지점에 집중되는지 혹은 계속하여 유출입 유동이 발생하는지에 대한 판단도 가능하다. 이처럼 행사장 이용계획은 경비(안전)대책과 관련되는 항목이다.

2) 이벤트 형태

행사의 실시형태는 크게 다음과 같이 구분할 수 있다.

① 스테이지 이벤트 등의 '관객 체류형'

② 플로트(축제 때 끌고 다니는 장식수레) 순회 등의 '행사 대상(対象) 통과형'

③ 행사 대상을 중심으로 관객들이 이동하면서 즐기는 '관객 통과형'

④ 이벤트 대상과 관객이 일체가 된 '혼재형'

이러한 형태에 따라 방문자유도계획 등 행사장 이용계획에 크게 영향을 미치기 때문에 경비(안전)대책과 밀접한 관계를 가지는 사항이 된다.

(2) 행사장 공간 이용계획의 기본방법

행사장 공간이용계획은 행사내용·형태, 행사장수용능력, 행사장내부배치, 행사장내외부 접근로, 행사장 유도계획 등을 충분히 검토해야하고, 이를 바탕으로 혼잡사고의 발생원인인 군집체류요인에 대한 예측과 방지가 가능하다. 주요사항은 다음과 같다.

1) 행사내용과 성격

행사내용은 행사프로그램에 따라 규정되지만, 흥분도 등의 성격, 가족 참가형 등의 참가자 층, 행사시간 등에 따라 방문자 유동형태에 대한 판단이 가능하다.

젊은 사람들이 중심이 되는 흥분도가 높은 행사와 폭 넓은 연령층이 참가하는 가족 참가형 행사에서 방문자에 대한 유도방식 및 경비방식은 다르게 적용된다. 따라서 안전대책 전문분야의 경험과 식견을 활용해 행사의 내용과 성격에 대해 검토할 필요가 있다.

예를 들어 앞서 사례로 소개했던 「고베 루미나리에(1995년)」의 첫날은 자유관람 형태로 예측방문자 수가 8만 명이었으나 실제로 38만 명이 방문하여 굉장히 혼잡했던 상황이었음에도 불구하고 가스누출신고에 대응하기 위해 출동한 수습차량을 군집 속으로 유도할 때 적극적인 경비 협력을 얻은 사례가 있다.

한편 「Love Parade」와 같은 사례를 보면 방문자가 젊은 층을 중심으로 흥분도가 높아 경찰이 설정한 통제선을 돌파하는 등의 행동이 보였다.

2) 행사의 형태

행사형태는 행사장 내 방문자 유동 및 체류를 예측하는 중요한 요소이다. 이러한 행사의 대표적인 형태는 '관객 체류형', '행사대상 통과형', '관객 통과형', '혼재형'이 있으며, 그 특징과 안전대책에 대한 요점은 다음과 같다.

① 스테이지형 이벤트 등의 '관객 체류형'

스테이지 이벤트와 같이 방문자의 관람 장소를 지정해 체류하게 하는 형태이다. 이 경우 우선 체류공간의 상한(上限)체류수를 설정하고, 방문자 수를 확실히 파악할 필요가 있다. 특히 옥외행사인 경우는 경험과 직감에 의존해 방문자수를 파악하는 경향이 강하므로 계수장치(예: 제5편 4장 2. 경비장비시스템)를 활용하는 등 과학적 방법을 사용하여 가능한 한 정확하게 추정해야 한다.

「아카시 카운트다운 2001」과 「제32회 아카시 시민 여름축제」에서 행사장 내 수용인원 및 행사장 접근로에 대한 군집유동인원수 파악은 경험과 감만으로 이루어졌다.

또한 독일 「Love Parade」에서는 방문자예측에 대해 관계자 상호간 공통의 문제로 인식하지 않았고 유도로에서 입장규제를 실시하기 위해 행사장내 체류자수 상한 및 통제개시를 결정하는 조직이 명확하지 않은 상태에서 행사기획을 진행한 것으로 추측되는 등 관객체류형 행사의 내용과 형태에 관한 검토가 부족했다.

스테이지형 행사를 실시할 때에는 행사장내 수용가능 인원, 행사장 접근경로의 군집 유동량, 그리고 해산시의 애프터 이벤트 프로그램 등에 관해 종합적인 검토가 이루어져야 한다.

② 플로트 순회 등 '행사대상 통과형'

본 항에서는 장소적 범위가 한정되어 실시되는 '행사대상 통과형' 행사를 검토하고, 시가지에서 실시하는 '행사대상 통과형' 행사는 제4편 안전대책 관점에서의 행사장 적응성(제4편)에서 기술하는 것으로 한다.

제한된 장소적 범위에서 실시하는 '행사대상 통과형' 행사에는 퍼레이드형과 Love Parade처럼 행사와 관객이 뒤섞이는 관객 혼재형이 있다.

퍼레이드형의 경우는 방문자예측과 함께 우선적으로 방문자의 적정밀도와 필요면적이 확보되어야 하며, 그리고 퍼레이드 진행에 필요한 폭(너비)의 확보, 퍼레이드와 관객 간에 접촉으로 인한 사고요인, 체류 중인 관객후방에 행사관람을 위해 전방으로 나오려는 관객들의 심리를 고려해 관람방법과 이에 대한 정리, 현장홍보조치 등이 필요하다.

③ 행사대상을 중심으로 관객이 이동하며 관람하는 '관객 통과형'

행사대상을 방문자가 이동하면서 관람·감상하는 형태이다. 이 경우 방문자 유동은 출구와 입구를 분리한 일방통행 방식을 취하는 것이 효과적이다. 그리고 관람객의 군집유도 상 입구의 유도조치와 출구에서의 부드러운 흐름이 중요하다.

제1회 「고베 루미나리에(1995년)」는 11일간의 개최기간 중 전체 방문자수를 76만 명, 1일 최대 방문자 수를 12만 명으로 예측했다. 그러나 실제는 전체 254만 명, 1일 최대 38만 명이 방문했다.

유도계획은 방문자수 예측에 근거하여 자유관람 형식을 취했으나, 첫날 루미나리에 점등 시 방문자 체류 수는 12만 명에 달하여 관람루트가 매우 혼잡하였다. 이에 관람루트를 일방통행 방식으로 변경해 원활한 관람자 유동을 확보하였다.

일방통행방식을 결정할 때는 방문자가 다수일 경우 해산지에서 군집분산이 원활해야 입구 쪽의 군집유동이 원활해진다는 것을 고려해야 한다. 따라서 백화점, 차이나타운 등과 같이 혼잡이 예상되는 장소를 입구로 설정하고 원활한 해산이 가능한 공원을 해산지로 설정하였다.

또한 방문자를 일방통행 입구로 원활하게 유도하기 위해 지역일대의 유동을 반시계 방향으로 설정했으며, 이를 위해 실행위원회는 JR 등 철도 기관에 협력을 요청해 열차 내 방송으로 승객에게 안내하도록 조치하였다.

이상과 같은 조치로 번화가의 연말 쇼핑객과 통근하는 사람들, 루미나리에 방문자를 유도할 수 있었다.

④ 이벤트 대상과 관객이 일체가 된 '혼재형'

이벤트와 관객이 일체가 되는 혼재형이나 장기간 동안 지속되는 이벤트 형태에서 가장 중요한 요소는 방문객체류시간에 대한 예측이다.

「Lvoe Parade」와 같이 7시간이나 연속하여 실시하는 행사는 행사장 내 체류하는 관객과 계속하여 유입되는 관객으로 인해 행사장 내 체류인원 수가 증가하게 된다.

행사장 내 군집의 체류시간이 늘어나는 만큼 지속 체류자 수가 증가하게 된다. 따라서 행사장 내 체류자 수와 체류시간이 후속 방문자 수와의 관계에 있어 중요하다.

이러한 경우 행사장 내의 체류자 상한 인원수에 대한 한계를 명확히 규정해 유입인원에 대한 통제를 실시하고 행사장 내의 적정한 체류를 확보해야 한다. 따라서 행사장 내 적정한 체류자수에 대한 기준을 명확히 하고 필요에 따라 행사장 외 유도도선에서 진입통제를 실시할 필요가 있다.

입장규제를 실시 할 때는 안전유지(경비실시) 측면에서 유의할 점이 있다. 이는 행사장 내의 방문자 체류 수가 한계에 도달한 후에 유도도선에서 진입통제를 실시할 경우 통제시기가 늦어져 그 효과가 반감된다는 점이다.

따라서 진입통제를 실시할 경우 행사장 내 적정 체류기준의 50%에 도달한 시점에 방문자 유동 파악 및 유동경향을 분석하고 체류기준의 70~80%에 도달한 시점부터 진입통제를 실시하는 등 여유를 가진 경비(안전)조치가 이루어져야 하며 통제에 있어서는 군집의 압력이 필요함을 관계자는 유의해야 한다.

(3) 행사장 내 방문자 수용능력

행사의 내용과 형태에 따라 다르지만 행사장 내 수용능력을 상세히 검토하는 것은 체류현상을 예측하는데 있어서 중요한 요소이다.

그 중에도 프로젝션 · 맵핑과 같이 체류와 유동이 반복되는 행사의 경우, 행사장의 수용능력과 체류시간, 입 · 퇴장객 교체 유도방법, 규모에 따른 전시 방법의 검토가 필요하다.

또한 장기간 지속되는 행사에서 행사장 내 평균 체류시간과 행사장 내 유동방식에 대해 세말하게 검토를 실시하는 것은 혼잡사고의 원인인 고밀도군집체류를 예측하여 방지하는 요소가 된다.

그러므로 행사장 내 수용능력에 따라 유도선 상 진입통제 조치가 필요한 경우와 아카시 육교 혼잡사고 사례 분석을 통해 확인된 것과 같이 행사장 내 수용능력이 충분하다 하더라도 행사장으로 통하는 접근로의 통행가능 인원수가 극단적으로 적은 경우도 검토하고 「Love Parade」와 「아카시 육교 혼잡사고」 등의 과거 사고사례를 참고해야 한다.

(4) 행사장 배치와 행사장 내 방문자 유도계획

1) 행사장 출입구와 접근로 연동성

행사장 및 주변의 전체 방문자 유도계획 수립 시에는 방문자에 대한 행사장 유도계획과 행사장 접근로를 연동시켜 전체 방문자 유도계획을 상세히 검토하여 체류에 대한 예측을 할 수 있어야 한다.

이는 검토사례 중 「고베 루미나리에」 유도계획과 「Love Parade」의 행사장 내 유도계획과 주변의 유도계획 분석결과를 참고하면 된다.

2) 행사장 출입구 분류화와 체류공간의 확보

행사장으로의 유입과 유출에 대한 유동을 명확하게 분류하는 것이 행사장 입구의 체류를 방지하는 기본적인 방법이다.

또한 입장제한과 다수의 입장객이 집중되는 경우를 대비하여 입장 대기공간을 확보함으로써 체류를 방지할 수 있다.

요일별 · 날짜별 · 시간별로 상세히 방문자를 예측해서 입장자 수, 입 · 퇴장자 수를 상세하게 검토함으로서 체류에 대한 예측이 가능해진다.

또한 테러의 위험을 방지하기 위해 출입구에서 금속 탐지기 등을 활용한 소지품 검사를 실시해야 하는 경우는 체류대기 행렬과 의심 물건이 발견되었을 경우를 대비해 조사실의 설치도 고려되어야 한다(그림41).

그림41. 「아이치 만박」 서쪽 출입구의 금속 탐지기(경비실시 기록)

이처럼 출입구 환경과 상황에 따라 체류를 예측하는 것이 가능하다. 출입구에서의 방문자 체류예측과 방지대책의 중요성은 분석사례 중 「Love Parade」와 「아카시 육교 혼잡사고」, 「니이가타현 야히코(弥彦) 신사 혼잡사고」를 참고하면 된다.

3. 행사장내와 주변 군집유동상정에 따른 군집체류의 예측방법

(1) 행사장내와 주변의 방문자 유동상정과 경비방법

행사장과 그 주변의 전체 군집유동을 상정해 방문자의 경로별 · 수단별 동선(動

線)을 예측하고 위험성을 판단하여 안전하고 적절한 도선의 설정과 유도계획을 책정하는 것은 중요하다.

특히 행사장이 바다, 고속도로, 하천, 철도 등으로 둘러싸여 접근로가 한정된 폐쇄적인 지형에 위치하거나 육교나 터널, 다리 등의 폐쇄적인 공간인 경우 통행인원에 대한 대피장소가 없는 구조적 상황으로 인해 다수의 희생자를 동반하는 혼잡사고가 발생한 바 있다.

이와 같은 사항은 방문자예측과 접근로의 군집유동량 등 행사기획단계에서의 검토되어야 하는 사항으로 전술한 바와 같이 대규모행사에서 고밀도군집체류를 예측하는 중요한 항목이며 경비대책과 관련되는 사항이다.

(2) 행사장내와 주변 방문자의 유동 상정에 관한 기본방법

지역별 방문자 수를 예측하는 것으로 방문 수단별·경로별 예측이 가능하다. 접근로의 선정을 방문자의 자의에 맡긴 경우는 방문자 경로지형과 유동량을 검토하여 위험성을 판단하고, 위험하다고 판단되는 경우는 안전하고 적절한 방문자 유동이 되도록 유도계획을 책정할 필요가 있다.

행사장과 주변 군집유도 계획의 검토 시 안전대책 상 필요한 요소는 다음과 같다.

1) 지형과 구조물 등을 바탕으로 한 군집유동 상정능력(想定力)

구체적인 장소의 지형, 교량(다리), 터널 등 구조물의 조건에 의해 다수의 군집이 집중되는 경우에 군집유동형태를 상정하는 능력

2) 군집유동의 위험성 판단능력(判定力)

구체적인 장소에 군집이 집중되는 경우에 군집유동의 위험요소를 판단하는 능력

3) 적정한 군집유동으로의 수정능력(修正力)

구체적인 장소에 군집이 집중되는 경우 군집유동의 위험요소를 제거한 적정한 군집유동의 상정과 군집유동의 수정에 필요한 구체적 조치를 상정하는 능력

이상의 항목들은 경비분야의 기술력과 밀접한 연관이 있기 때문에 경비전문 분야 노하우가 필수적인 조건이다.

또한 행사 개최 시의 방문자 수는 대부분 「경험과 감」으로 방문자 유동상황을 파악되고 있다. 이러한 상황에서는 체류가 발생하고 나서야 인지하는 경우가 많아 신속한 유도조치가 이루어질 수 없다.

4. 행사 프로그램에 따른 군집체류 예측방법

(1) 행사 프로그램 요소와 경비방법

행사 프로그램에 관한 사항은 이미 행사장 공간이용계획에 관한 항목에서 서술하였다. 본 항목에서는 프리 프로그램(pre program)과 애프터 프로그램(after program)에 대해 고찰하고자 한다.

프리 프로그램, 애프터 프로그램은 유출입 인원이 집중되는 것을 회피하기 위한 중요한 수단이다. 프리 프로그램은 대부분의 경우 본 프로그램보다 소규모로 편성되어 실시된다. 그러나 경품 등 행사물품의 배부수량이 한정되어 경쟁을 부추기는 프로그램에 대해서는 검토가 필요하다.

이벤트 개최 전에 입장대기를 위해 2~3일 전부터 철야행렬을 종용하게 하는 방식이 이벤트의 인기를 보여준다는 의견도 있지만, 방문자 입장에서 생각하여 정리권 방식을 취하는 등 군집체류 방지와 방문자 심리적 측면을 고려해 볼 필요가 있다.

이처럼 프로그램 편성은 방문자 유동을 규정하기 때문에 경비 책정과 밀접하게 관련되어 있는 항목이다.

(2) 행사프로그램 요소에 따른 예측의 기본 방안

행사프로그램은 행사의 성격과 참가자 층, 방문자의 지속성 등을 규정한다. 행사프로그램은 기획자의 전담사항이지만, 군집이론과 관련된 학술분야와 경비전문분야와의 정보교환을 실시함으로서 체류를 예측할 수 있게 한다.

행사프로그램에는 프리 프로그램과 애프터 프로그램이 있지만, 두 가지 모두 방문자의 집중을 분산시키며 고밀도체류를 예방하는 기법이다.

애프터 프로그램은 행사장에서 퇴장 인원의 분산을 계획하여 고밀도 체류를 방지하기 위한 프로그램으로서 스포츠 이벤트 등에서 실시되고 있다.

옥외형 행사에서는 군집유동 상 체류가 발생할 수 있는 장소에 영향을 주지 않고 체류를 완화할 수 있는 장소를 선정해 소규모의 애프터 프로그램을 편성하는 것이 효과적이다.

5. 행사홍보에 의한 군집체류 예측방법

(1) 행사홍보 요소와 경비 방법

행사홍보에는 행사PR을 위한 사전홍보와 행사 개최 시에 실시하는 현장홍보가 있다. 다수의 방문자가 방문하는 행사에서 방문자에게 정확한 정보전달은 필요하지만, 그 내용을 행사 개최와 관련된 정보 제공뿐만 아니라 방문자 유도 방법으로 활용하면 매우 효과적인 수단이 된다.

이처럼 행사홍보 방법은 행사홍보뿐만 아니라 방문자의 유도나 긴급 상황 시의 경고기능 등 정보전달의 수단이 되며, 안전대책에서 중요한 항목이다.

(2) 이벤트 홍보와 예측의 기본 방법

행사개최에서 안전대책에 관한 홍보활동의 중요성이 인식되고 있다. 행사홍보에는 사전홍보와 행사 개최 시의 홍보가 있다. 홍보매체는 간판이나 삽입 홍보지, 매스미디어 등 종래까지 사용했던 방법과 미디어의 다양화에 따른 SNS 활용 등과 같이 전파성과 신속성을 활용한 새로운 방법도 주목을 받고 있다.

특히, SNS를 활용한 정보전달은 유도선으로의 유도, 원격지 유도 등 사전홍보·행사개최 시 체류예측과 회피방법으로 중요한 홍보매체이다.

1) 사전홍보

사전홍보에서는 행사개최 PR과 병행하여 개최현장 및 방문경로를 명시하며, 추가적으로 방문 시의 혼잡정보나 입장에 관한 주의사항 등과 함께 정보확인 수단을 명시해야 방문자 유도를 효과적으로 수행할 수 있다.

2) 행사개최 시의 홍보

행사개최 시 홍보에서는 행사운영 홍보와 함께 피난과 돌발상황 등과 같은 긴급상황 발생 시에 사용할 수 있는 방송 설비가 필요하다.

또한 혼잡이 발생할 가능성이 있는 장소에는 통일된 유도홍보가 가능한 방송 설비 등과 같은 정보전달 장치가 필요하다.

행사개최 시 홍보에는 안내홍보와 안전대책홍보(경비홍보)가 있으며, 중요한 사항은 방문자 입장을 고려한 홍보수단이다. 입간판이나 스피커로 하는 홍보방법은 개개인의 특성에 따라 다르지만 일반적으로 주의정도가 40%미만이다. 따라서 사람의 오감을 자극하는 여러 가지의 홍보수단이 필요하다는 연구결과가 보고되고 있다.

그리고 고밀도 군집체류 상태가 발생한 경우에 군집 내는 상당히 소란스러운 상태이기 때문에 중요한 정보를 전달하기 위해서는 스피커를 활용하는 등의 수단이 필요하다.

이 밖에도 혼잡한 상태의 방문자들을 안전하게 유도하기 위해 SNS를 활용해 혼잡정보를 제공함으로써 혼잡장소보다 먼 거리에서 군집을 유도하는 원격유도 수단도 있다.

아이치 국제박람회 행사장 외부의 수송대책에서 철도 환승역(후지가오카(藤が丘)역, 야쿠사에(八草)역)의 혼잡상황을 완화하기 위해 지하철과 JR출발지점인 나고야 역에서 후지가오카역과 야쿠사에역의 실시간 영상을 제공한 결과, 약 20분만에 혼잡을 완화하는데 기여했다는 보고가 있다.

6. 행사장 지형 및 접근로 구조에 따른 예측방법

다수의 희생자가 발생했던 혼잡사고와 혼잡사고 직전 고밀도 군집체류가 발생한 행사를 분석하였다. 그 결과, 이벤트 행사장이 철도나 도로, 바다 등으로 둘러싸인 폐쇄적인 지형이거나 행사장 접근로가 다리, 터널 등의 폐쇄공간에서 혼잡사고가 발생하는 것이 밝혀졌다.

따라서 행사장 접근로의 유동량 검토와 병행하여 행사장 지형, 행사장 접근로의 구조조건을 근거로 방문자 유동에 대해 세밀히 검토하는 것이 혼잡사고의 원인인 고밀도 군집체류를 예측하기 위한 필수적 조건이라 할 수 있다.

이 항목은 본편 제4장 불꽃놀이대회의 안전대책 실전검정 항목에서 경비계획책정 그리고 제4편 행사장 적성(적응능력)의 항목에서 사례분석을 통해 상세히 서술하겠다.

제2장 경비계획 책정 단계에서 군집유동 예측 방안

경비계획이란 이벤트를 둘러싼 사회정세, 경제정세, 이벤트의 사회적 반향(反響)과 테러발생 가능성 등의 경비정세를 바탕으로 경비기본방침을 확립하는 것이다. 그리고 그 경비지침을 바탕으로 군집유도 방안, 위험장소별 안전대책, 경비홍보, 경비기자재 등을 활용한 경비원 배치와 운용(경비본부 편성)등의 구체적인 경비방안을 책정하는 것이다.

경비계획은 경비기본계획, 경비실시계획, 경시실시요령을 통칭하는 것이다.

본 장에서는 경비계획 책정단계에서의 고밀도 군집체류의 예측방안을 살펴보기 위해 이벤트관련 정보의 수집과 분석, 군집유동에 관한 학술이론을 활용한 과학적인 경비진단의 기본적인 방법, 경찰·소방과의 공동경비 진단실시방식, 그리고 이벤트 진행에 맞춘 경비계획의 실전적 시뮬레이션 예측방안에 대해서 서술하도록 하겠다.

1. 이벤트 경비의 전체 공정

이벤트 경비를 실시하는 경우, 경비담당기업의 경비실시 작업공정은 「경비계획」으로 시작해 「경비결과의 집약(集約)」으로 끝나는 것이 기본이다.

이벤트 경비 전체공정은 크게 나누어 경비계획책정 · 경비계획을 기초로 한 교육 · 훈련 · 경비실시와 경비실시 결과보고이며, 각 공정별 주요실시 항목은 표11과 같다.

그 중에서도 「경비는 계획이 80%를 차지한다.」라고 그 중요성이 표현되고 있는 것처럼 이벤드 안전을 확보하기 위해서는 경비계획책정이 중요하다.

경비계회책정 공정에서 중요한 요소는 경비계획책정 책임자의 능력, 그리고 경비계획책정 공정의 기초가 되는 경비진단이다. 따라서 경비계획책정자의 능력과 과학적 경비진단에 대해서 서술하겠다.

표11. 이벤트 경비 전체 공정표

경비계획책정	교육 · 훈련	경비 실시
경비계획책정 항목	사전검토 항목	경비본부 업무
1. 행사계획의 파악 2. 정보수집과 분석 3. 방문자 수 예측과 유동 검토 1) 도면 상 개최 행사장의 경비진단 2) 주최자 · 이벤트 기획자 · 경찰 등과의 협의 4. 경비기본계획의 책정 1) 경비원 배치 · 운용 2) 경비 홍보 검토 3) 경비용 기자재의 배치 5. 주최자 · 경찰 · 소방기관과 협의 1) 혼잡 · 교통규제·구급구명 체제 2) 경비실시단계에서 연계 방책 6. 경비실시계획 · 경비실시 세부 항목 책정과 수정	1. 경비업자 선별과 능력별 업무 분담 2. 타당한 경비요금 검정 3. 업무 항목 1) 경비계획 설명과 전술회의 2) 현장 조사와 업무 확인 3) 교육 · 훈련(유도수단 · 무선) 4. 경비실시계획 · 경비 실시 세부 항목의 확인과 수정	1. 경비본부 기본 업무 1) 행사진행상황의 확인 2) 방문자 유동 확인과 필요한 경비조치 지시 3) 주최자 · 경찰 · 소방기관 · 기타 관련기관과 연계 2. 무선 관제 기록의 작성 시간별로 방문자 유동 상황 · 주최자 · 경찰 등과의 연계 및 경비 조치 3. 경비결과 집약(集約)과 보고 1) 경비실시 기록 2) 경비실시 결과 보고서 작성과 제출

2. 경비계획책정 책임자의 역량강화

경비계획책정 책임자에게는 안전대책에 관련된 종합적인 매니지먼트 능력, 행사장 및 그 주변의 군집유동 상정능력, 군집유동의 위험성 판단능력, 그리고 경비실시기술을 구사해 군집유동을 올바르게 수정하는 능력 등 상당히 숙련된 고도의 능력이 요구된다.

안전대책과 관련된 종합적인 매니지먼트 능력은 제4편 「안전대책 관점에서의 적정한 행사장」에 기술하겠지만, 논리적 제안능력, 경비실시요령과 교통통제의 요청·협력 등과 관련된 이벤트 기획 혹은 경찰·소방기관 등 그 밖의 교통기관 관계자와의 협의와 조정을 도모하는 능력을 말한다.

이러한 기획들은 주최자 및 이벤트 관계자와 공동으로 추진해야 한다. 경비계획책정 책임자는 주최자 및 이벤트 관계자에게만 의존해 지시를 기다리는 수동적인 자세를 취해서는 안 된다.

3. 과학적인 경비진단의 기본적 사항

이벤트 안전을 도모하기 위한 경비활동의 지침은 경비계획이다. 경비계획을 책정하기 위한 기초활동은 경비진단이므로 경비진단의 적절한 수행여부가 이벤트 안전을 좌우한다.

(1) 경비진단의 의의와 기본사항

경비진단이란 먼저 이벤트 기획 내용에 대해 개최장소, 주변의 지형·지물 등의 구조조건, 방문자 예측, 군집유도대책 등 하드적인 면과 소프트적인 면의 양면에서 검토하고 위험장소와 위험요인을 구체적으로 추출한 후, 군집유도계획 등 경비대책으로서 필요한 구체적 조치를 검토하는 경비계획 책정상의 기초 활동이다.

이러한 경비진단은 제4편에서 상세히 서술한 「안전대책 관점에서 적정한 행사장」에서 「행사장과 주변방문자 유동」의 중요한 항목이다.

방문자 유동에 대한 검토는 행사장과 주변 방문자 유동을 상정할 수 있도록 「방문자 유동 상정능력」, 방문자 유동과 지형·지물 간의 위험성을 판단하는 「위험성 판단 능력」, 그리고 위험한 방문자들의 유동을 적정한 유동으로 수정하는 「적정유동으로의 수정능력」이 필요하다.

이러한 요소들은 경비실시기술과 밀접한 관련이 있다. 따라서 방문자 유동에 대한 검토는 경험과 지식을 필요로 하는 경비전문분야의 중요한 업무항목이다.

또한 경비진단은 이벤트 관련 정보를 수집·분석해서 혼잡사고 훈련, 이벤트 참고 사례, 군집유동과 관련된 학술이론을 활용하여 지도 상 경비진단을 반복하여 확인·검증작업을 수행해야 한다.

(2) 이벤트 관련 정보수집과 분석

경비진단을 실시 할 때 가장 먼저 해야 하는 것은 유사하거나 같은 종류의 이벤트 개최 실태에 관한 정보를 수집하는 것이다. 그리고 수집된 정보를 바탕으로 이벤트 기획단계의 예측방안과 관련된 각 항목들에 관하여 구체적으로 분석하는 것이다.

특히 방문자 수 예측과 이벤트 종류에 의한 이벤트 성격 및 참가자 층, 방문자의 유동 동향 등을 구체적으로 분석할 필요가 있다. 그리고 유사한 종류의 이벤트 정보를 활용하는 방안이나 과제에 대하여 검토해 해당 이벤트의 안전대책에 참고할 필요가 있다.

또한 정기적으로 개최실적이 있는 이벤트라 할지라도 매년 형태와 교통상황, 경제정세의 변화 등을 확실히 분석해 변화에 대응해야만 하는 항목이 경비진단이다.

「아카시육교 혼잡사고」의 경비진단에서, 불과 1년 7개월 사이 「AKASHI 천년제」와 「카운트다운」에서 혼잡사고 발생 직전의 고밀도 군집체류가 2회 발생하였다. 이러한 혼잡사고는 전형적인 '안전 불감증' 사례로서 사고에 대해 분석하고 시사점을 파악하여 대비하였다면 사전에 혼잡사고의 발생을 방지할 수 있었을 것이다.

(3) 군집유동에 대해 학술이론을 활용한 과학적인 경비진단

경비진단은 이벤트 경비에 대한 경험이 없는 경우 제대로 된 진단이 이루어질 수 없다. 그러나 경험만으로는 경험의 질이나 양에 의해 진단결과가 결정되기 때문에 경험하지 못한 상황에 대해 적절히 대응할 수 없게 된다.

경비진단을 경험과 직감에만 의존하지 말고 본편 제3장에 서술한 군집유동과 관련된 학술이론을 활용한 경비진단을 바탕으로 경비계획을 책정해야 한다. 그렇지 않으면 예측방문자 수와 실제방문자 수 사이의 차이로 인해 발생하는 변화무쌍한 군집유동에 대응할 수 없게 된다.

또한 경비진단을 실시할 때에는 방문자 수 예측을 바탕으로 이벤트 내용과 형태, 행사장 지형 및 접근로의 군집유동량, 그리고 행사장 지형과 접근로의 구조를 고려한 군집유도계획, 경비배치와 경비원 운용, 경비홍보, 경비기자재 배치와 운용 등 구체적인 경비방안을 검토할 필요가 있다.

이를 위해서 「군집유동의 상정능력」, 「군집유동의 위험성 판정 능력」, 「적정유동으로의 수정능력」이 필요하다.

과학적인 경비진단을 실시할 때 활용해야 하는 군집유동 관련 이론 및 군집심리 관련 이론은 본편 제3장에서 설명하도록 하겠다. 「아카시 육교 혼잡사고」, 「아카시 카운트다운 2001」, 「Love Parade 혼잡사고」에서 군집유동과 관련된 이론을 활용해 경비진단을 실시했다면 행사장 적성 판단의 다른 결과가 도출되었을 것이라 추측할 수 있다.

(4) 실전적인 시뮬레이션 실시

이벤트의 안전대책에 해당하는 경비실시는 이벤트 진행과 군집유동에 대응하는 것이다. 따라서 이벤트 경비에 임하는 자는 이벤트 진행과 계속 변화하는 군집유동에 대한 정보를 수집하고 분석해야 하며, 주최자나 경찰 등과 정보를 공유하며 경비실시에 임할 필요가 있다.

따라서 경비실시계획이 책정되면 이벤트 진행에 맞춘 경비계획의 실전적 검증이 필요하다.

검증의 중요사항은 이벤트 진행 실태, 군집유동 실태, 그리고 특히 계획책정 시의 위험예측 장소에 관한 정보 관심사항 및 경비원 배치·운용이다.

이러한 시뮬레이션 훈련은 현장책임자를 포함한 전원이 실시하는 것이 이상적이지만 최소한 경비본부 요원은 반드시 실시하는 것이 중요하다.

운용시뮬레이션 결과, 수정이 필요한 경우는 다시 한 번 경비진단을 실시해 수정해야 한다. 이벤트 진행상황에 맞는 실전적인 운용 시뮬레이션은 주최자와 경찰 등과 연계 업무를 담당하는 자주경비본부 요원에게는 필수조건인 안전대책의 핵심이 되는 사항이다.

(5) 경찰, 소방기관과의 공동경비진단의 실시 등 긴밀한 연계

1) 경찰활동과의 연계

일본의 법·제도 하에서 이벤트의 안전을 도모하기 위해 주최자가 실시하는 것이 자주경비이다. 주최자가 행사장의 관리권자로서 행사할 수 있는 관리권의 일부를 경비회사에게 위탁하여 대리로 행사하게 하는 것이다.

주최자의 관리권 일부를 행사하는 경비회사 및 경비원에게 특별한 권한을 부여한 것은 아닌 것으로 여겨지고 있다.

한편 경찰이 실시하는 이벤트 경비 활동은 경찰법을 근거로 한 이벤트 안전확보, 경찰관 직무집행법을 근거로 한 강제적인 피난지시, 그리고 도로교통법을 근거로 한 도로사용 허가 등 법률에 근거를 두고 있다. 또한 경찰은 혼잡안전대책에 관한 풍부한 경험과 노하우를 축적하고 있어 이벤트 안전대책의 전문가이다.

이처럼 본질적으로 경비 활동의 권한이 다른 조직이 이벤트의 안전을 위해 동일한 목적을 가지고, 동일한 이벤트 개최현장에서 활동하게 되므로 이벤트 안전을 위해 두 조직의 연계활동은 반드시 필요하다.

구체적으로 주최자가 행하는 관리권의 대리행사에 불과한 민간경비와 법률권한을 가진 경찰의 경비활동과 관련해 업무분담 내용에 대해 협의해야 한다. 그리고 업무분담 및 경비조치가 필요한 경우에 어떻게 연계를 할 것인가에 대해 명확하게 할 필요가 있다. 여기에 주최자가 행하는 민간경비와 경찰활동을 경비진단 단계에서부터 연계하고 이벤트 경비와 관련한 전문적인 노하우를 가진 경찰이 중심이 되어 주도적으로 추진할 필요가 있다.

「아카시 카운트다운 2001」에서는 공동으로 현장경비진단이 몇 차례 이루어졌지만, 이벤트 개최 현장의 지형지물과 군집유동에 관한 이론 등을 활용한 실질적인 경비진단과 역할분담, 연계활동 방식 등에 대한 실효적 경비진단이 이루어지지 못한데 문제가 있었다.

2) 소방기관과의 연계

소방기관의 활동은 소방법에 근거를 둔 활동이나 이벤트 개최현장에서는 소방기관의 구급활동과 민간경비 활동의 연계가 상당히 중요하다.

이 중 다수의 요구조자에 대한 대응책과 개별적인 요구조자에 대한 대응책이 중요하다.

다수의 요구조자에 대한 대응책은 혼잡사고 발생 시 요구조자 대응체제를 중심으로 주최자가 소방기관, 수용병원 등과 연계해서 수립하지만 민간경비 활동 면에서도 협의에 참가하고 역할분담을 확인할 필요가 있다.

구조가 필요한 개개인을 위한 긴급구명 활동은 제5편 제3장의 2에서 서술하고 있는 Preventable Death(조기에 적절한 의료조치를 실시하면 사망하지 않는다.)를 기본이념으로 한 활동이다.

혼잡한 행사장 내로 구급차를 유도할 수 없는 경우를 상정하여 행사장과 가장 가까운 곳에 응급의료 장소를 설정하고 신속한 구급활동을 지원하는 조치 및 다수의 요구조자 발생에 대비한 절차를 구체적으로 확인하는 연계활동은 공동 경비진단 시 필수적으로 요구되는 사항이다.

구체적인 경비진단 순서를 도표화하면 그림42와 같다.

<table>
<tr><td colspan="3">지도상 및 현장 경비진단</td></tr>
<tr><td>* 이벤트 성격 형태 등 이벤트 내용 분석
* 이벤트 행사장 공간이용계획 분석
* 이벤트 행사장과 주변의 전체적인 방문자 유동 분석
* 행사장 접근로의 구조조건 분석</td><td rowspan="9">⇔</td><td rowspan="9">군집유동에 관한 학술이론을 활용한 검토</td></tr>
<tr><td>⇩</td></tr>
<tr><td>경비기본계획 책정</td></tr>
<tr><td>⇩</td></tr>
<tr><td>경찰·소방기관과 협의 및 현장 공동 경비진단</td></tr>
<tr><td>⇩</td></tr>
<tr><td>경비실시계획 책정</td></tr>
<tr><td>⇩</td></tr>
<tr><td>경비실시계획을 근거로 운용 시뮬레이션 실시에 따른 검증과 수정</td></tr>
</table>

그림42. 경비진단 순서

제3장 군집체류 예측과 학술이론의 참고

군집유동과 관련된 학술이론은 국내외에서 연구 성과가 발표되고 있다.

군집심리와 관련해서는 구스타프 르 본(Gustave Le Bon), 군집안전대책의 개요와 관련해서는 John J. Fruin, 군집유동과 관련해서는 오카다 미즈마사(岡田光正) 등의 저서가 있다.

그 중 군집체류를 예측하기 위해서 참고가 되는 이론을 열거하자면 다음과 같다.

1. 군집유동에 관한 이론

군집유동과 관련된 이론은 오사카대학의 오카다 미즈마사 교수의 「건축과 도시의 인간공학(建築と都市の人間工学)」 그리고 「군집안전공학(群集安全工学)」이 있으며, 사례분석과 실험을 통해 군집유동 이론을 확립하고 있다.

이벤트 군집유동에 관한 평가를 실시함에 있어 참고가 되는 주요 항목을 열거하면 다음과 같다.

(1) 군집의 특징

1) 수평인 통로에서 일방통행 보행속도

군집의 속도는 어떤 종류냐에 따라 규정되지만, 일반적으로 활용되는 도가와(戸川) 방식에 따라 계측하면 밀도 3명/㎡인 경우 약 50cm/sec, 밀도 4명/㎡인 경우 약38cm/sec, 밀도 5명/㎡인 경우 약 30cm/sec이다(sec = 초).

2) 계단에서 보행속도

계단에서의 표준속도는 0.5m/sec, 소요시간은 높이 1m당 4초이다.

3) 대면(対面)통행의 흐름

군집밀도가 높아지면 존닝(Zoning, 지역설정)이 형성되어 우세한 쪽의 군집이 넓은 폭으로 이동한다.

외력 및 하중에 관한 자료」에 따르면 군집밀도 13명/㎡에서 약 300kg, 14명/㎡에서 약 400kgm, 15명/㎡에서 약 540kg의 압력이 발생하는 것으로 되어 있다.

2. 군중심리에 관한 이론

도교대학의 니시나리 카츠히로(西成活裕)교수의 「정체학(渋滞学)」에서는 군집심리(패닉)에 대해 다음과 같이 설명하고 있다.

「군중」을 처음으로 학문적 대상으로 삼은 것은 프랑스의 르 본(Gustave Le Bon, ル・ボン)으로 1895년의 저작 「군중심리」에서 「군중의 특성」을 분석하고 있다.

르 본은 크고 강한 에너지, 충동성, 무비판성, 도덕성 저하, 지성 저하를 군중의 특성으로 지적하고 있다. 또한 「패닉」이란 군중이 예기치 못한 돌발적인 위험상황에 빠져 강렬한 공포를 느낀 나머지 군집전체가 수습하기 힘든 혼란에 빠진 경우이며 대상으로부터 도피적인 행동을 한다고 주장했다.

사례에서 분석한 「Love Parade」 영상에 대해, 혼잡사고 직전의 고밀도 군중 체류에서 발생한 개인과 집단의 위기회피행동을 군집심리와 패닉에 관한 이론을 바탕으로 관찰하면 이해하기가 쉬워진다.

3. 군집밀도와 압력

제 32회 「아카시 시민 여름 축제」의 육교 혼잡사고 조사 위원회 보고서에 따르면 다음과 같이 군집밀도와 압력과의 상관관계를 추정하고 있다.

1) 혼잡사고 발생 시의 군집밀도는 13명 ~ 15명/㎡이었고, 압력은 진행방향으로 400kg/m, 난간 방향으로 158kg/m이 발생했다.
2) 군집밀도와 압력의 관계는 밀도 13명/㎡에서 300kg/㎡, 밀도 14명/㎡에서 400kg, 밀도 15명/㎡에서 540kg/㎡ 이다.
3) 측면압력은 육교 측벽에 있는 스테인리스 제의 직경 3.4cm, 지지판 간격 폭 1.4m의 난간이 6~9cm 바깥쪽으로 휠 정도로 강한 압력이 발생하였다.

이 밀도와 압력의 관계는 방문자 유도도선의 설정 및 방문자 유동 정지 등에 관해 규제를 실시할 때 참고하면 된다.

4. 고령자 및 휠체어 이용자 등에 대한 유도

계단 아래나 전망공간 같은 장소에서 유아, 고령자, 휠체어이용자 등 혼잡약자를 위한 대책은 경비대책의 중요한 요소이다.

휠체어 사이즈는 보통 사이즈가 길이 100~130cm, 폭 60cm 정도이다. 또한 연구결과에 따르면 휠체어가 회전하기 위해 90°회전 시 135cm, 180°회전 시 135cm, 360°회전 시에는 210cm의 회전반경을 확보해야 하는 것으로 알려져 있다.

이벤트 행사장에서 유도로 및 행사장 접근로에 대한 휠체어 대책에서는 엘리베이터 이용을 계획하거나 간병인이나 가족 등을 동반을 상정하게 된다. 이 경우 인원수가 증가하기 때문에 엘리베이터 이용 및 계단·경사길 등에서의 유동속도 또한 유도대책에서 고려해야 할 중요한 사항이라 할 수 있다.

5. 효과적인 현장홍보 실시방법

방문자는 친구와 대화하거나 아이를 돌보는 등 자신의 관심사에 대하여 집중하는 경우가 많아 유도 혹은 안내와 관련된 입간판 및 구두안내 만으로는 적절한 홍보가 이루어졌다고 볼 수 없다.

유도요원에 의한 유도, 확성기를 활용한 홍보 등 다수의 방법이 필요하다. 대부분의 경우 입간판이나 경비원이 소지한 휴대용 메가폰에만 의존하는 경향을 보이고 있으나, 이벤트 기획단계에서의 현장홍보에 대한 방법을 검토하는 것이 중요하다.

또한 이벤트 현장홍보 활동을 단일 장소별로 실시하는 경우가 많다. 그러나 활동과 내용은 경비본부에서 통일한 유도대책판단을 바탕으로 실시할 필요가 있다.

예를 들어 일방통행을 실시하는 경우, 우회유도·분단 등과 관련 있는 주요 장소에서 일방통행에 대응한 홍보활동이 필요한 경우도 있다.

사례로 서술한 「제 32회 아카시 시민 여름 축제」 및 「카운트다운」, 「Love Parade」에서도 고함과 소음으로 인해 군집에게 필요한 정보가 원활하게 전달되지 못했다. 이러한 점을 감안한다면 군집체류 등이 예측되는 장소에서는 경비원 등이 사용하는 소형 무선통신기에만 의존하지 말고 고정 홍보장치를 설치하여 방문자에게 확실하게 의사를 전달할 수 있는 방안을 검토해야 한다.

6. 군집밀도와 보행, 군집형태의 개요

전국경비업협회 발행 「경비원 지도교육 책임자 강습교본Ⅱ」 제 7편에서는 군집밀도와 보행, 군집형태와 관련한 개요를 다음과 같이 설명하고 있다(표13).

표13. 군집밀도와 보행, 군집형태의 개요

밀도 (명/㎡)	혼잡상황	밀도 (명/㎡)	보행상태 (군중의 이동)	정지상태
		~ 0.5	움직이는 집단 안을 비교적 쉽게 빠져 나갈 수 있음	야외공원, 광장 등이 비어있는 상태
		0.5 ~ 1.0	거리에서 평범하게 막힘없이 걸음	
		1.0 ~ 1.5	길에서 사람을 추월하는 상태	
		1.5 ~ 2.0	거리에서 평범하게 걸을 수 있음	광장 등에 사람이 모여 전체적으로 사람이 돌아다님
3.0	사람 사이를 쉽게 지나감	2.5 ~ 3.0	걷는데 상당히 혼잡함을 느낌 (러시아워 시의 오피스 거리)	
		3.5 ~ 4.0	마을의 산책로가 상당히 혼잡한 상황	극장이나 스탠드가 가득 찬 상태
		4.0 ~ 4.5		엘리베이터 안이 가득 찬 상태
5.0	옆 사람과 옷이 가볍게 스치는 정도	4.5 ~ 5.0	갈아타는 역에서 러시아워 시의 극도로 혼잡한 상태	
		5.0 ~ 5.5		야외행사에서 군중이 서 있는 상태
6.0	발밑에 떨어진 물건을 주울 수 있는 상태	5.5 ~ 6.0	러시아워 시 역의 계단상태	발을 들여놓을 데가 없을 정도로 많은 사람들이 들어찬 상태
		6.0 ~ 6.5	러시아워 시 역 개찰구 부근 상태	러시아워시의 만원전철 상태
7.0	어깨나 가슴에서 압력을 느껴지기 시작함	6.5 ~ 7.0	러시아워 시 전철 입구 부근	축제나 군중의 중심에서 사람에게 치이는 상태
7.5	사람 사이를 겨우 파고 들어 갈 수 있음	7.0 ~	보행속도가 약 10cm/sec로 매우 혼잡한 도보나 축제의 군중 행렬	
9.0	사람 사이를 파고드는 것이 힘듦		주) 계절에 따른 의복의 차이로 인해 약간의 차이가 있음	
10.0	주위에서 압력을 느끼는 상태			
11이상	곳곳에서 비명이 들리는 상태			

(일본전국경비업협회)

제4장 불꽃놀이축제의 안전 대책에 관한 실전검증
- 가시와라(柏原) 시민 종합 페스티벌(오사카) -

2013년 8월, 저자는 가시와라시, 가시와라 상공회, 그 외 단체에서 구성하는 실행위원회로부터 오사카부 가시와라시 및 후지이데라시(藤井寺市)의 하천 부지 행사장에서 개최하는 10만명 규모의 불꽃놀이 축제의 안전대책부(安全対策部)회장으로 위촉받았다.

안전대책부 회장의 업무는 경비계획을 책정하는 경비업자를 선별, 경비계획책정지도, 경찰과의 협의 등과 관련한 대응, 경비실시 업자선별과 경비실시의 지도·관리이다.

불꽃놀이 축제의 안전대책은 제1편 혼잡사고 발생 메카니즘과 안전대책 관점에서 적정한 행사장에 대해 저자가 제기한 논리를 실전에 구체적으로 적용해 검증한 결과로서 참고가 될 것이다.

또한 경비실시결과 평가에 대해 엄격한 평가를 실시하여, 향후 불꽃놀이 축제에서 안전을 계획하는 전문분야의 입장에서 반영하였으면 한다.

그림43. 불꽃놀이 축제 지도 (이벤트 계획지도 인용)

1. 실전에서 검증하는 안전대책 중점사항

실질적으로 처음 개최하는 불꽃놀이 축제의 안전대책을 실시하는 데 있어서 「안전대책관점에서 적정한 행사장」의 실전적 방안과 관련된 다음의 항목을 적용해 검증하기로 했다.

(1) 주최자의 안전대책에 관한 위기의식 관련 사항

(2) 불꽃놀이대회 관계 기관·단체 간 연계 사항

(3) 이벤트 기획에 대한 안전대책 측면에서의 제언(提言)

(4) 방문자 예측 관련 사항

(5) 행사장 공간이용 계획 관련 사항

(6) 행사장과 주변 방문자 유동에 관한 사항

(7) 행사장 및 행사장 접근로의 구조조건에 관한 사항

(8) 불꽃놀이대회의 홍보활동에 관한 사항

(9) 노점 관련 사항

(10) 실행위원회, 민간경비본부 및 경찰 등 관계기관 간의 연계에 관한 사항

2. 불꽃놀이 축제의 중점사항에 대한 검증 및 과제

프리 이벤트(pre event)의 유무에 따라 상이하나 일반적으로 불꽃놀이 축제의 방문자의 유동특징은 방문자가 지속적으로 유입되어 증가한다는 것이며 불꽃을 쏘아 올릴 때는 대부분 이동이 없지만 불꽃놀이가 종료됨과 동시에 방문객은 일제히 귀가하려 한다는 것이다. 따라서 경비대책을 포함한 안전대책 상 주요사항은 다음과 같다.

* 행사장으로 유입 시의 안전대책
* 불꽃을 쏘아 올릴 때의 안전대책
* 불꽃놀이 종료 시의 안전대책

이상의 주요사항에 대해 구별되는 대책을 수립하면서도 상호연동하여 안전대책을 확립할 필요가 있다. 특히 불꽃놀이 종료 후 해산 시에는 방문자가 일제히 귀가하려 하기 때문에 방문객유도에 대한 과제를 세밀하게 검토할 필요가 있다.

검증 시 중점적으로 검토 한 결과는 다음과 같다.

검토 요점 1. 주최자의 안전대책에 관한 위기의식 관련 사항

(1) 주최자의 위기의식에 관한 사항

불꽃놀이 축제의 안전을 위해서는 주최자 · 이벤트 프로듀서 · 경비회사, 경찰 · 소방 기관 그 외의 관계기관 등 이벤트 관계자 모두가 안전에 대한 책임감을 자각해야 한다.

그 중에 주최자의 안전에 대한 위기의식수준에 따라 안전대책이 좌우된다.

지방자치 단체가 실행위원회에 참가하는 불꽃놀이 축제 및 방문객 유치 이벤트에서 저자가 안전대책 고문 및 자문가로 위촉받아 실시한 사례는 다음과 같다.

1) 2003년 후쿠이현(福井県) 오이마을(大飯町) 「불꽃놀이 축제」 (6만명 규모)

2001년 7월, 아카시육교 혼잡사고를 겪고 긴키경제산업국(近畿経済産業局)이 개최한 「이벤트 안전대책」 강연회에 불꽃놀이 축제 실행위원회의 안전담당자가 참가했다. 담당자는 저자의 강연을 청강하고 고베 루미나리에 경비본부 활동을 시찰한 후 경비계획, 경비본부 활동, 경비실시 관리의 중요성을 확인한 후 저자를 안전대책 고문으로 위촉하기로 결정했다.

2) 2003년 「인플로라타(inflorata) IN 나가노」[22] (2일간 21만명 규모)

실행위원회 위원장(나가노현 지사 다나카 야스오)으로부터 이벤트 개최 약2주전 인플로라타 개최를 위한 안전관리 체크와 경비실시계획의 책정, 경비실시 관리 위촉을 받았다.

위의 사례들은 아카시육교 혼잡사고를 겪고 이벤트의 안전관리에 대한 관심도가 높아진 시기의 사례이다.

최근에 이벤트 안전관리에 대한 대책의 강화로 인해 혼잡사고로 인한 희생자 발생은 없지만, 2001년 7월 도호쿠 육혼제(東北六魂祭), 2012년 12월 TOKYO 미치테라스(ミチテラス) 등 안전대책을 이유로 행사 일부 혹은 전부를 중단할 수밖에 없는 상황이 발생한 바 있다.

22) 인플로라타(inflorata): 꽃잎들로 그림을 그려서 전시하는 페스티벌

행사 중단을 초래한 원인은 이 책에서 제기한 「안전대책 관점에서 적정한 행사장」의 내용과 동일하며, 그리고 「이벤트 위험관리」를 테마로 한 연구회에서 이벤트 위험관리의 출발점인 「사람의 생명」에 대한 안전확보와 관련된 의견이 나오지 않는 등 아카시육교 혼잡사고를 망각한 듯한 방식으로 경비업무가 이루어졌다.

이러한 시기에 해당 불꽃놀이 축제 실행위원회의 담당자는 불꽃놀이 축제의 안전대책 확립을 위한 강의 등에 참가하여 여러 가지 방법을 모색하던 중 필자가 강사를 맡았던 강연회에 참가한 것을 계기로 실행위원회 결정에 따라 필자를 안전대책부 회장으로 위촉하였다.

안전에 대한 실행위원회의 높은 위기의식과 추진력이 안전한 불꽃놀이 축제를 개최하는데 크게 기여하였던 것으로 판단된다.

(2) 실행위원회의 책임체제에 관한 사항

불꽃놀이 축제 개최에 대해 실행위원회의 책임체제를 명확히 하기 위해 다음의 조직체제를 제안했다.

불꽃놀이 축제 실행위원회
실행위원장 부위원장(총무 담당) 부위원장(이벤트 담당) 부위원장(안전 담당)

↓

불꽃놀이 축제 실행위원회 사무국
사무국장 : 방문자수 예측 및 담당위원업무의 종합적인 조정 총무담당위원 : 총무, 예산, 홍보, 섭외 이벤트 담당위원 : 불꽃놀이 프로그램, 부속 행사 프로그램, 관련 시설의 구성 안전대책 위원 : 행사장 구성, 경비대책, 교통대책, 노점대책, 시설안전대책

그림44. 불꽃놀이대회 실행위원회 조직도

이벤트 안전관리는 경비대책만 있는 것이 아니라, 이벤트 담당분과(担当部会)가 실시하는 각종 행사의 설치 · 운영계획과 개최계획의 작성, 노점 등 부차적 행사의 설치 · 운영계획 책정, 안전대책분과에 의한 안전체크, 실행위원회의 정보공유가 필요하다.

실행위원회는 필자의 제안을 받아들여 실제로 안전대책분과 위원회를 선임하고 관계자 간의 정보공유에 노력했다. 주간에는 담당자가 각자의 직장에서 활동하고 있는 사정을 고려해서 야간개장 등에 노력하면 보다 효과적인 의견집약이 되었을 거라고 생각한다.

검토 요점2. 불꽃놀이 축제 관계기관 · 단체 간 연계에 관한 사항

불꽃놀이 축제 개최 시 중요한 요소는 관계기관·단체 간의 협력과 연계이다.

가시와라 상공회 · 가시와라 시청을 중심으로 한 관계기관과 경제단체 · 청년단체 · 교육 관계 단체 등 실행위원회 가맹기관 · 단체의 협력관계와 긴말한 연계활동이 불꽃놀이 축제의 준비단계부터 안전한 대회진행에 이르기까지 크게 기여했다고 생각한다.

또한 불꽃놀이대회를 관할하는 2개의 경찰서와 경찰 본부·소방 기관 그리고 관계 교통기관 및 하천 관리자 등의 협력과 연계활동이 불꽃놀이 축제를 안전하게 진행하는데 크게 기여했다고 할 수 있다.

검토 요점3. 이벤트 기획에 대한 제언(提言)

이벤트 기획이란 이벤트를 실시하기 위한 행사내용, 행사장 구성, 스태프 배치, 그 외 시설이용계획 등에 대해 입안(立案)하는 것이다. 해당 불꽃놀이 축제에서는 혼잡사고방지를 위해 안전대책의 관점에서 이벤트기획 관련 항목에 적극적인 조언을 실시했다.

(1) 행사장 배치에 관한 사항

해당 불꽃놀이 축제에서는 불꽃놀이 발사장소 근처의 하전 부지가 차량 주차장으로 활용되고 있었기 때문에 방문자 수용능력과 관람을 용이하게 할 수 있는 관람 행사장의 위치설정이 과제가 되었다. 이에 차량 주차장을 관람 행사장으로 이용하는 것을 제안했다.

또한 주최자가 출점하는 매점을 관람 행사장 출입구에 배치하려던 계획을 관람 행사장에서 방문자의 원활한 유동확보를 위해 배치장소의 변경을 지도하였으며, 그 결과 행사장의 배치가 수정되었다.

「2001년 아카시 육교 혼잡사고」 에서 행사장 접근로인 육교 계단아래에 노점을 설치해 육교와 계단에서 이동하는 방문객의 유동에 방해가 되어 혼잡사고의 원인인 고밀도 군집체류가 발생했던 사례를 참고로 하였다.

(2) 근처 역의 분산에 관한 제언

관람 행사장의 배치관계에서 근처 JR역은 한 곳 밖에 없었기 때문에 방문자 이용역의 분산을 목적으로 물품판매점(노점)의 설치위치를 인근의 역 방향으로 이동해 인접 역에 가까워지도록 요청하였다.

검토 요점 4. 지역 별 방문자 수 예측과 경로별·수단별 예측에 관한 사항

(1) 방문자 수 예측의 기본적인 방법

방문자 수 예측은 모든 안전대책의 기초수치이다. 기본적인 방문자 수 예측 방안은 이벤트 실시위원회와 이벤트 관계자가 협력하여 지역성, 불꽃놀이 축제의 규모, 계절요인, 지명도 등을 고려해 지역별 방문자 수를 예측한다.

지역별 방문자 수를 예측함으로서 경로별·수단별 방문자 예측이 가능해진다. 또한 지역 및 근처 역에서 행사장까지의 경로별·수단별로 방문자 수를 예측 하는 것도 가능해 진다.

「아카시 카운트다운 2001」에서는 방문자 수 예측이 이루어지지 못했기 때문에 방문자 경로별 군집유동에 대한 검토가 충분히 이루어지지 못했고, 이에 따라 행사장 접근경로인 아사기리 육교에서 혼잡사고 원인인 고밀도 군집체류의 발생을 예측하지 못했던 사례를 참고로 하였다.

(2) 불꽃놀이 축제의 방문자 예측에 관한 사항

지역주민의 방문자 수 예측을 위한 참가 관련 의향조사는 실시되지 않았지만, 5년 만에 개최되는 행사로 주민들의 관심도가 높았기 때문에 다음과 같이 방문자 수를 예측하였다.

1) 방문수단별 · 경로별 예측에 관한 사항

방문수단에 대해 지역주민은 자전거와 도보 방문, 지역 외 방문자는 철도 이용으로 나눌 수 있다.

지역주민 방문자 수 예측은 주민인구실태를 조사한 후, 불꽃발사 행사장으로부터 반경 3Km이내에 거주하고 있는 40~50% 정도의 주민들이 참가할 것으로 가정하여 각 지역에서 관람 행사장까지의 방문자 수 예측과 수단별·경로별 예측을 실시하였다.

철도 이용자 수 예측은 각 철도역의 2005년, 2008년도 불꽃놀이 축제 시 이용상황을 조사해 예측하였고 근처 역에서 행사장까지의 경로를 예측하였다.

조사 및 분석의 결과, 불꽃놀이 축제 행사장으로 오는 경로별·수단별 방문자 수의 예측이 명확해졌고 방문자 경로와 방문예측 인원수를 감안해 경로별·구체적 장소별로 도로구조와 방문자 유동을 검토하는 경비진단을 실시하였다. 그리고 이에 따라 유도 방안과 그에 따른 안전대책을 책정하였다.

그 결과, 불꽃놀이 종료 후 방문객이 일제히 귀가할 때에 군집체류 발생 가능성이 높은 장소, 유도 정리가 필요한 건널목, 도로구조상 보도 폭이 1m에 불과한 장소 등을 구체적으로 추출하여 안전대책을 책정 할 수 있었다.

검토 요점 5. 행사장 공간이용계획에 관한 사항

(1) 행사장 공간이용계획에 관한 기본적인 방법

예측 방문자 수는 행사장 수용능력 간의 관계에서 당연히 적정범위 내에 있어야 한다. 방문자 수 예측에 비해 관람면적이 좁아 관람자가 넘쳐버려 행사를 중지 할 수밖에 없었던 사례가 있다. 반대로 관람 행사장 수용능력이 충분해도 행사장 접근 경로의 군집 유동성이 문제가 되는 경우도 있다.

또한 관람 행사장이 지나치게 넓은 경우는 원활한 유출입 관리와 긴급 상황 발생 시 대응을 위해 통로를 설치하는 등 관람블록을 설정하는 것이 기본적이 방법이다.

2010년 「Love Parade」에서 방문자가 행사장 수용능력을 초과한 사례, 2001년 「아카시육교 혼잡사고」의 행사장 수용능력은 충분했지만 행사장 접근경로에서 군집 유동량의 문제로 인한 행사장 적정성 문제가 발생한 점 등 행사장 사용계획을 전반적으로 검토하지 못해 혼잡사고 발생 원인이 되었던 사례를 참고하였다.

(2) 불꽃놀이 축제에서의 조치

불꽃놀이의 관람 행사장은 하천이 합류하는 하천 부지(그림45)였으며 관람 행사장이 크게 5곳으로 나누어져 있는 것이 특징이다.

관람 행사장별 수용가능 인원수를 추정하고 각 행사장을 통로에 따라 분할하여 블록으로 나누었다.

지역별 관람자 수 예측을 근거로 행사장으로의 유도계획을 책정했다. 또한 행사장의 혼잡정보를 수집하여 Facebook을 활용한 정보제공과 현장유도를 실시함으로서 관람객이 집중되고 이용성이 떨어지는 관람 행사장으로의 집중을 방지하였다.

그림45. 관람 행사장의 설정

(3) 실시 결과

주최자의 행사장 홍보용 스피커, 그리고 관람 경비원에 의한 관람 행사장으로의 적극적인 유도활동에 따라 방문자는 관람 행사장의 블럭 내에 들어가 관람을 하고, 방문자의 유동을 방해하는 제방 위의 통로와 행사장 계단에서의 체류들 방지할 수 있었다.

또한 관람 행사장 5곳의 방문자 상황을 집약한 결과, 수용능력 범위 내로 적정했다. 그 이유는 사전에 주최 측의 홈페이지 및 Facebook에서 관람 행사장을 명확히 설명하고 적극적인 유도홍보가 있었기 때문일 것이다.

검토 요점 6. 행사장과 주변 방문자 유동에 관한 사항

(1) 군집체류발생 예측장소의 추출 및 혼잡완화의 기본적 방안

행사장 및 행사장 주변 방문자의 유동은 행사장으로의 경로별 방문자 통과 예측수와 지형을 상세히 검토하면 군집체류가 발생할 가능성이 높은 장소를 추출할 수 있다.

군집체류를 방지하고 만약 발생한 경우 체류를 완화하는 기본적인 방법은 아래와 같다.

1) 군집체류정보의 수집 및 타이밍을 놓치지 않는 경비 조치
2) 군집체류 예측장소의 출구에서 원활한 군집의 유출
3) 체류예측장소에서 적절한 홍보 및 분단 조치

여기서 중요한 것은 행사장과 행사장 주변의 전체적인 「방문자 유동 상정」, 「위험성 판단」, 「적정유동으로의 수정」 이다. 이는 경비실시기술과 밀접한 관계가 있으며 이것은 경비전문가의 범주라 할 수 있다.

2001년 「아카시육교 혼잡사고」, 2001년 「아카시 카운트다운 2001」 은 방문자 유동예측과 유도대책이 부족했기에 고밀도 군집체류를 방지하지 못했던 사례가 참고가 된다.

(2) 불꽃놀이 축제에서의 조치

관람 행사장 5곳의 주민 방문자와 철도이용자를 대상으로 경로별 예측결과, 철도역 승강객의 혼잡이 예측되는 장소, 2개의 철도 선로가 병행하는 철도 건널목, 그리고 불꽃놀이축제 종료 후 철도이용자와 주민이 집중되는 장소를 추출하였다.

특히 불꽃놀이축제 종료 후에 철도이용자와 주민이 집중되는 다리(橋梁)의 경우, 불꽃놀이 행사장 북쪽 주민들의 통행예측 수 약 10,000명, 철도이용자 예측 수 약 6,000명, 합계 16,000명이 통과할 것으로 예측되었다.

해당 다리의 혼잡 및 체류상황을 추정하기 위해 유동계수 1.5명/초(표15 참조)로 계산하면 약40분(유동을 방해하는 요인이 없고 원활한 유동이 확보 된 경우)이 소요됨을 알 수 있다.

그러나 해당 유도로 출구의 교차점부터 그 전방으로는 통행통제가 실시되지 않아 북쪽 주민의 귀갓길은 폭 1m의 보도로 유도되었고, 이로 인해 병목현상의 발생이 예측되었다. 따라서 계산상 통과소요 시간은 약2시간이 되고 체류가 길어질수록 입구에서 통제하지 않으면 혼잡사고의 원인인 고밀도 군집체류와 체류시간의 장기화가 예측되었다.

이에 원활한 유동확보 및 체류방지를 위해 교통통제를 요청한 결과, 혼잡정도에 따라 현장 경찰관의 판단하여 통제를 실시하기로 했다.

또한 혼잡대책과 함께 병행해 중요한 대책으로 주요 간선도로(약 6km)에 대해 통행을 금지하는 교통통제를 실시하도록 요청했다.

교통통제 요청에 필요한 교통량 조사 및 우회로 설정 등에 대해서는 경찰 및 도로관리자와 협의하여 진행하였다.

(3) 실시결과

불꽃놀이 축제 종료 후 다리 위에서의 혼잡에 대한 과제는 혼잡사고 발생가능성이 있는 장소에 대해 민간경비와 경찰의 인식이 일치하는 부분이 있었다.

그래서 경찰이 기동대를 투입하고, 민간경비는 유도 및 분단요원을 확보했다. 불꽃놀이 축제 당일은 기동대책임자와 민간경비책임자, 그리고 경찰과 민간경비 책임자의 입회 상태에서 유도방안 및 고밀도화 방지를 위해 분단이 필요한 경우에 대비하여 분단위치 및 연계방안에 대한 현장 확인을 실시하고 분단방법을 공유하였다(그림46).

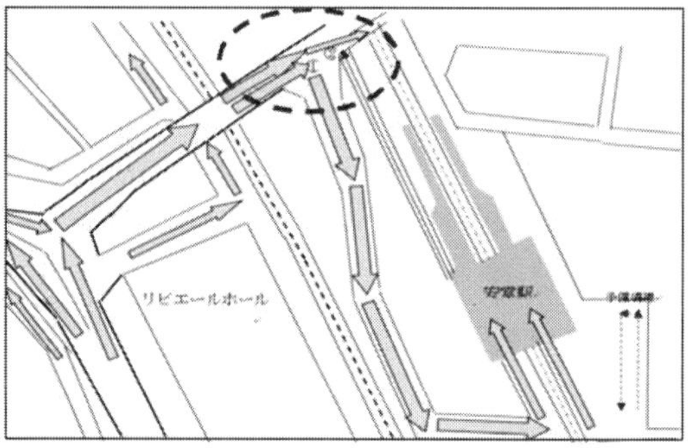

그림46. 체류가 예측되는 장소에 대한 유도계획

실제로는 군집체류가 발생하지 않았기 때문에 분단규제도 실시되지 않았다. 그 이유는 체류가 예측된 도로의 출구에서 경찰관의 현장 판단으로 교통을 통제하고 군집을 원활하게 유동시킨 결과이다(그림46 ⬭ 내).

교통통제 시간은 경찰의 양해를 구해 최대 오후 7시부터 9시 30분까지로 대폭 연장되었으며 실제 통제는 오후 7시 20분부터 21시 15분까지 이루어졌고 혼잡완화에 큰 효과가 있었다.

검토 요점 7. 행사장과 주변 접근로의 구조조건에 관한 사항

(1) 행사장 접근로의 구조조건에 관한 기본방향

행사장 접근로의 구조조건에 대한 기본방향은 행사장 접근로에서 방문자집중으로 인한 체류방지조치와 접근로가 불꽃놀이 관람회장으로 이용되는 것을 방지하는 것이다.

구체적으로 하천부지에 행사장이 있는 경우 제방 위에 도로가 뷰포인트가 되어 체류되기 쉽다. 따라서 불꽃놀이 발사 시에는 계단체류 및 계단에서 발의 헛디딤으로 인한 전도 사고를 방지할 필요가 있다. 그리고 불꽃놀이 종료 후에는 계단 이용자 및 제방 위 도로 통행자의 합류점에서 체류방지에 노력할 필요가 있다.

또한 접근경로에 불꽃놀이를 관람할 수 있는 육교나 뷰포인트가 있는 경우는 이동하지 않고 멈추어 서서 관람하는 방문객으로 인한 체류를 방지할 필요가 있으며, 이를 위한 기본적인 방안은 가림막 조치와 유도조치가 있다.

2001년 「아카시육교 사고」, 2001년 「아카시 카운트다운2001」에서 행사장 접근로인 아카시육교에 가림막 등의 조치를 취하지 않아 육교가 관람 행사장처럼 되어 버렸고, 그 결과 혼잡사고 원인인 고밀도 군집체류가 발생한 사례를 참고하였다.

(2) 불꽃놀이 축제에서의 조치

관람 행사장 중 메인 관람 행사장의 지형은 하천과 국도, 그리고 철도선로로 둘러싸여 폐쇄적인 행사장이었다.

메인 관람회장의 북측 주민은 폭 10m(실효 폭 9m), 길이 80m의 다리를 이용해야만 했고 긴급시의 대피도로가 없는 구조조건 하에 있었다.

해당 불꽃놀이 축제에서는 제방 위 통로에서 관람하는 것을 방지하기 위해 경비원이 관람 행사장으로의 적극적인 유도조치를 실시하였다. 불꽃놀이 발사 시 관람 행사장으로 가는 계단을 시트로 덮어 계단 위에서의 체류 및 전도방지를 위한 조취를 취했다.

또한 불꽃놀이 발사장소에서 하천하류 방향 약 150m지점에 생활도로로 사용되는 폭 2m, 길이 200m의 다리(橋梁)에 높이 2,2m의 가림막을 전면적으로 설치해 다리가 관람장소가 되는 것을 방지하였다.

해당 다리는 생활도로로 지정되어 있었기 때문에 전면적인 통행통제 조치를 취할 수는 없었다.

따라서 불꽃놀이 발사 시간대에도 통행을 허가할 수 밖에 없었기 때문에 다리 위 통행 밀도는 3명/㎡(출입 통행은 1열)로 자전거는 끌고 도보로 통행하도록 조치하였다(그림47).

그림47. 다리의 가림막

검토 요점 8. 불꽃놀이 축제의 홍보활동에 관한 사항

(1) 기본적인 홍보활동 방안

불꽃놀이 축제의 홍보활동에는 사전홍보활동과 개최당일 홍보활동이 있다. 기본적인 방안은 다음과 같다.

1) 사전 홍보활동

불꽃놀이 축제 개최를 고지하는 사전 홍보활동에서 안전대책 상 필요한 사항은
① 복수의 관람 행사장을 설치
② 관람 지정석을 설정한 경우에는 각 행사장으로의 접근로를 지도 등에 명시
③ 관람 행사장으로의 입장 방법, 입장 규제, 교통 규제에 대한 사항 및 주의사항에 대해 개최홍보 시 공지
등등 행사장 안에서 방문자가 혼란스러워 하지 않도록 홍보하는 것이 사전 홍보활동의 기본적 방안이다.

2) 개최 당일 홍보활동

불꽃놀이 축제 개최 당일의 홍보활동에는 주최자가 실시하는 행사관련 홍보, 안내 홍보, 경비활동에서 실시하는 경비홍보활동이 있다.

홍보 매체는 기존의 주민홍보와 포스터를 사용하는 방법을 포함하여 추가로 최근 많이 사용하고 있는 SNS가 있으며, 이러한 매체들의 활용은 상당히 중요하다.

홍보 활동의 실시방안은 확성기를 이용한 청각적 음성 홍보, 포스터·간판을 이용한 시각적 홍보, 유도동작이나 통제활동 등 촉각을 활용한 홍보활동 등 오감을 활용한 방안이 필요하다는 것이 연구결과로서 지적되고 있다.

(2) 해당 불꽃놀이 대회에서의 조치

1) 사전 홍보활동

해당 불꽃놀이 축제는 하천이 합류하는 특수한 지형적 조건에 더불어 관람 행사장이 5곳으로 분산되어 있기 때문에 지역 및 근처의 역으로부터의 접근로를 명시

하는 것이 방문자의 유도에서 중요한 요소로 작용했다.

따라서 주최자의 홍보로 불꽃놀이 축제에 방문자가 모여들 때의 유도홍보 및 불꽃놀이대회 종료 시의 유도홍보에 대해 제안했으며, 사안이 발생 했을 때의 홍보 문안을 작성했다.

또한 SNS를 주요매체로 하여 불꽃놀이 축제 개최 홍보 및 행사장 접근로에 대한 홍보 활동을 실시하였다. 그리고 필요에 따라 이벤트 진행에서 사용하는 확성기 등 홍보기자재를 경비홍보 시 활용하고, 현수막, 플랜카드·안내유도 등 복수의 방법으로 방문자가 인식할 수 있도록 유도계획을 책정했다.

2) 경비 홍보활동

경비홍보는 경비원이 소지하는 핸디메가폰의 활용과 군집체류가 예상되는 장소에서는 대형 확성장치를 이용한 홍보활동, 주최자가 실시하는 안내·유도활동과 연계해서 경비홍보활동을 실시하기로 하였다. 또한 군집유동에서 병목현상으로 인한 체류가 예상되는 장소에서는 경찰기동대의 홍보활동과 연계하는 등 조정이 이루어졌다.

3) SNS를 활용한 홍보활동

SNS를 활용한 홍보활동으로 사전홍보 시 방문할 때의 주의사항을 고지하였다. 그리고 개최 당일의 행사장 혼잡정보를 실시간으로 제공함으로써 방문자를 원격에서 유도할 수 있었다.

2001년 「카운트다운 2001」에서는 홍보활동을 경비원의 핸디메가폰과 플랜카드에만 의존하였다. 체류 예측장소 등 중요한 장소에서 극도로 시끄러운 군집에게 고음량으로 확실하게 정보를 제공할 수 있는 확성장치를 설치하지 않은 것이 문제였다고 할 수 있다.

2005년 「아이치 국제박람회」에서는 혼잡정보를 적극적으로 제공하고, 철도 환승역인 후지가오카(藤が丘)역 및 야쿠사에(八草)역의 혼잡 상황을 JR 출발 지점인 나고야 역에 실시간 영상으로 정보를 제공하였다. 그 결과 약 20분 만에 혼잡완화효과가 나타났던 상황을 참고하였다.

(3) 실시결과

사전 홍보활동의 일환으로 시청 홈페이지에 불꽃놀이 개최와 관련해 개최장소 지도에 관람 장소 5곳을 명시했다.

이들 관람 장소 중 일부 장소로만 방문자가 집중 할 것을 우려하였으나, 실시결과 방문자는 관람 행사장 5곳으로 고르게 분산되었다. 그 이유는 홈페이지에서 관람 행사장을 명확하게 표시해 둠으로써 지역주민의 입장에서 가장 가까운 최적의 장소를 선택할 수 있게 해주었기 때문이다.

안전대책의 관점에서 SNS 활용요령을 담당자가 숙지하려는 노력이 있으면 보다 더 효과적으로 활용할 수 있을 것이다.

검토 요점 9. 노점 관련 사항

(1) 노점 설치에 관한 기본적인 사고방식

노점은 방문자의 행사장 내 분산 유도방안으로 효과적이긴 하지만 동시에 방문자 체류를 일으켜 원활한 유동을 방해하는 「양날의 검」이다.

노점설치는 주최측에서 판단하고 결정해야 할 사항이나 노점배치 시에는 행사장 안과 접근경로의 군집유동을 검토한 결과가 반영되어야 한다.

노점설치 장소와 관련해 도로 및 인도 등 도로교통법의 적용 범위는 도로교통법에 근거를 둔 도로점유허가의 범주이고, 출점을 위해서는 경찰의 허가와 지도를 받는 것이 필수조건이다. 또한 해안이나 하천부지에서는 하천관리자나 공원관리자와 협의가 필요하다.

노점의 관리·운영과 관련해 관계자로부터 노점설치계획을 수렴하고 조명용 자가발전기, 음식점 등의 화기사용에 따른 화재방지대책에 대해서는 안전대책분과의 조언을 구하는 등의 조치가 필요하다. 또한 출점업자와 관련해서 '폭력단 방지 조례'를 근거로 폭력단과 관계가 없다는 계약서를 받아놓는 것도 고려할 필요가 있다.

2013년 8월 15일 교토부 후쿠치야마(福知山)에서 개최된 「돗코이쇼 후쿠치야마(ドッコイショ福知山)불꽃놀이 축제」에서 노점의 부적절한 화기사용으로 인해 폭발사고가 일어나 희생자 3명, 중경상자 57명이 발생한 이 사고는 지금도 잊혀 지지 않고 있다.

(2) 해당 불꽃놀이 축제에서의 조치

해당 불꽃놀이 축제에서 설치장소의 선정과 관련해 근처 역으로의 집중을 분산하기 위해 노점의 설치장소를 동쪽으로 이동시켰다. 노점출점 시 이벤트회사에 위탁해 출점관리와 폭력단 대응을 강구했다.

또한 노점의 폭발, 화재사고를 교훈으로 삼아 실행위원회 관리 하에 출점관리회사에 대하여 화기사용에 대한 관리조치 확인 및 지도를 실시하였다. 그 결과 노점의 조명은 큐비클(발전소 · 변전소 또는 사무소 등에 설치되는 배전반)1기에서 배전하였고, 화기를 사용하는 노점에는 소화기를 배치하는 등의 관리조치를 취했다.

검토요점 10. 실행위원회, 민간경비본부, 경찰 등 관계기관 간 연계에 관한 사항

(1) 경찰 · 소방기관, 그 외 관계기관 간 연계활동에 관한 기본적 방안

불꽃놀이 축제 개최에서 실행위원에 의한 불꽃놀이 축제의 운영, 민간경비조직, 경찰 및 소방, 교통기관 등 관계기관 간의 정보공유 등의 연계활동은 반드시 필요하다.

또한 민간경비는 실행위원회의 위탁을 받아 업무를 추진하는 것이므로 실행위원회가 구성하는 운영본부에의 보고 및 조정을 통해 밀접하게 연계할 필요가 있다.

경찰·소방 기관과의 관계에서 경찰과 소방기관의 활동은 법적 근거를 갖고 실시하나 민간경비는 실행위원회로부터 위탁을 받은 범위 안에서 관리권의 대리행사를 하는 것에 불과한 활동이다.

그러나 불꽃놀이 행사장에서 안전을 도모하는 목적은 동일하므로 조직이 정보를 교환하여 통일된 경비활동을 수행하는 것이 필수적이라는 것은 전술한 바 있다.

이벤트와 관련된 각 기관이 안전을 위해 연계활동을 실시하는 것이 기본방침이라 할 수 있다.

2001년 「아카시 육교 혼잡사고」, 2001년 「아카시 카운트다운2001」에서는 경찰에서 민간경비측과 전혀 정보를 공유하지 않았다.

경비실시 현장에서 경찰활동과 불충분한 연계 및 협력관계의 설정으로 육교혼잡

상황과 경비조치 필요성 등의 정보교환이 이루어지지 않았고, 따라서 혼잡사고 직전의 위험한 상태를 초래한 사례를 참고하였다.

2) 해당 불꽃놀이 축제에서의 조직구성과 연계

해당 불꽃놀이 축제는 주최자 · 경찰 · 소방기관 간에 긴밀한 연계활동을 실시하기 위해 다음 그림과 같은 기본적인 조직구성으로 관계기관 간 연계를 계획했다(그림48).

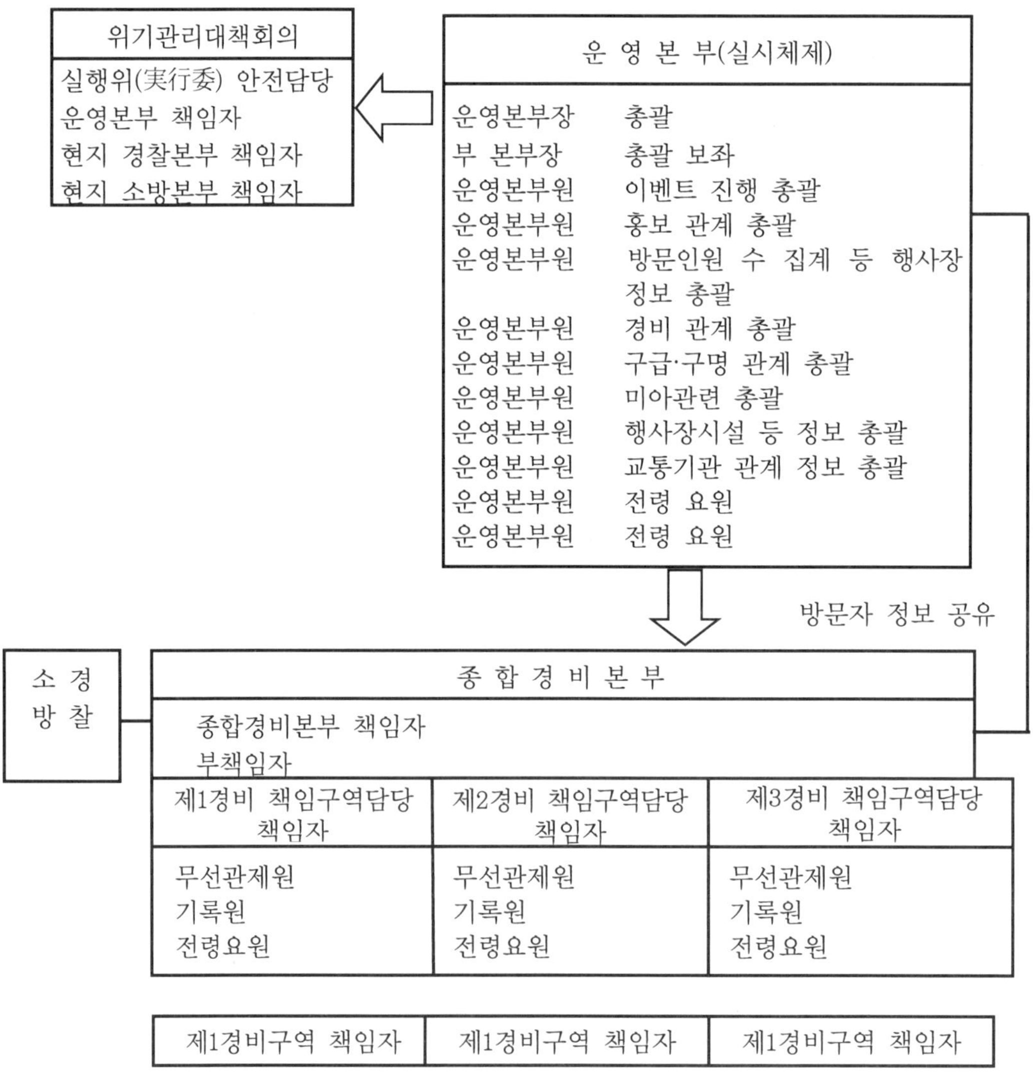

그림48. 운영본부 및 경비본부 구성도

3) 실시결과

실행위원회 운영본부, 현지 경비본부, 현지 소방본부, 민간경비본부를 인접하게 설치한 결과, 불꽃놀이 축제의 진행사항, 특히 실행위원회, 민간경비, 경찰·소방에 의한 위기관리회의를 설치해 행사의 중지 · 계속 · 피난 등 중요한 결정 사항에 대해 긴급하게 협의 · 판단하는 조직을 설치했다.

주최자, 민간경비본부, 경찰경비본부, 소방본부

그림49. 합동경비본부의 풍경

혼잡상황 확인, 경비조치 판단, 교통규제 개시 및 종료, 요구조자 발생 확인 및 구급차 운용 등에 대해 긴밀한 연계가 가능하게 되었다.

특히 군집체류가 예측된 장소의 체류 상황 및 체류 고밀도화를 방지하기 위해 분단 규제 판단을 한 자리에서 협의 할 수 있었던 것이 효과적이었다고 생각한다.

제5장 정리

본 편에서는 혼잡사고를 분석 한 결과로 얻은 교훈, 제2편에서 밝힌 고밀도 군집 체류를 예측을 하지 못했던 이벤트기획 단계에서의 원인, 경비계획 책정단계에서의 요인에 관한 안전대책상의 기본사항과 혼잡사고의 요인인 군집체류의 예측 방법에 대하여 밝혔으며, 정리하면 다음과 같다.

혼잡사고원인예측방안

이벤트 기획 단계에서의 예측 방안	
1. 방문자 수 예측을 이용한 예측 방안 제1장 2.	1. 이벤트 PR과 병행하여 참가 의사 조사 • SNS 및 RDD 방식을 활용하여 참가의사 조사 • 같은 종류 혹은 비슷한 이벤트 분석 2. 지역 별 방문자 수 예측 ~ 방문 경로 별 예측 ~ 방문 수단 별 예측을 바탕으로 장소별 구체적으로 체류를 예측
2. 행사장 공간 이용 계획을 이용한 예측방안 제1장 3.	1. 이벤트 내용 • 형태 • 지속 체류 시간 및 행사장 내 유동 2. 행사장 내 수용 능력 • 행사장 내 지속 체류 시간 3. 행사장 레이아웃
3. 행사장과 그 주변 방문자 유동을 이용한 예측 방안 제1장 4.	1. 행사장과 그 주변 전체 유동을 이용한 예측 2. 방문 경로 별 • 수단 별 예측을 근거로 장소를 구체적으로 예측 3. 방문자의 행사장 내 유동과 접근경로의 연동성 4. 군집 유동에 관한 다음의 능력이 필요 (1) 군집 유동 상정 능력 (2) 군집 유동 위험성 판단 능력 (3) 적정한 군집유동을 상정하는 능력
4. 이벤트 프로그램을 이용한 예측 방안 제1장 5.	1. 이벤트 내용 • 성격 • 형태를 이용한 예측 2. 참가자 층 • 행사장 입출 우동 상태를 이용한 예측 3, 프리(pre) 이벤트 애프터 이벤트를 이용한 예측
5. 이벤트 홍보을 이용한 예측방안 제1장 6.	1. 사전 홍보를 이용해 방문 방법과 거기에 대한 고지 유무를 이용한 예측 2. SNS를 활용한 원격 유도를 이용한 예측
6. 행사장 지형 • 접근 경로 구조 조건을 이용한 예측방안 제1장 7.	1. 행사장 지형을 이용한 예측 ~ 폐쇄적인지 아닌지 2, 행사장 덥근경로 구조 조건 ~ 다리 등 폐쇄적 공간에서 도피 할 수 없는 구조 조건

경비계획 책정 상 예측 방안	
1. 이벤트 개최 정보 수집 및 분석	1. 같은 종류 • 비슷한 종류의 이벤트 방문자 수 • 과제 등을 수집 및 분석하여 예측
2. 군집 유동과 관련된 이론 활용	1. 군집 유동과 관련된 학술 이론을 활용 하여 예측 ~ 제2장 2 (2) 2. 혼잡 사고 분석 연구를 통해 예측
3. 자율적으로 시뮬레이션 실시	1. 경비 계획 시뮬레이션을 통해 검토
4. 경찰·소방 기관과 긴밀한 연계	1. 혼잡 상황 관련 전문가의 지도에 따라 예측 2. 공동 경비 진단 및 실질적인 협의를 통해 과제를 공유함으로서 예측

불꽃놀이 대회 안전대책 관련 실전 검정 사례	
1. 실전에서 검정하는 중요 항목 2. 검정 중요 항목에 관한 검증 및 과제	1, 이벤트 기획 단계에서 검토사항을 조언 2. 실행위원회 조식 책임 체제 확립 3. 경찰 협력 과제

그림50. 혼잡사고요인의 예측 방안

참고문헌

(1) 貝辻正利, 「雑踏事故要因である大規模イベントでの高密度群集滞留の発生防止に関する研究」, 神戸大学博士論文, 2012

(2) 種田佳奈子, 「群衆流動が視覚情報取得効率に与える影響に関する研究」, 東大大学院建築学専攻2005修士論文集

(3) ギュスターブ・ル・ボン（櫻井成夫訳）, [群衆心理], 講談社学術文庫,2009

(4) John J. Fruin, The Causes and Prevention of Crowd Disasters, originally presented at the First international Conference on Engineering for Crowd Safety, London, England, March 1993. Revised exclusivery for crowdsafe.com, January 2002.

(5) 岡田光正、吉田勝幸、柏原士朗、辻正矩共著, 「建築と都市の人間工学」, 鹿島出版社, 1977

(6) 岡田光正, [群集安全工学], 鹿島出版社, 2011

(7) 1958年戸川喜久二著 「群衆流の観測に基づく避難施設の研究」

(8) 明石市民夏まつり事故調査委員会, 「第32回明石市民夏まつりにおける花火大会事故調査報告書」, 2002

(9) 日本建築学会論文報告集56号, 57号, 1957

(10) 西成活祐, [渋滞学], 新潮社,2007第10刷

(11) 吉田あこ, 「建築設計と高齢者・身体障害者」 p 86, 学芸出版社, 1997

제4편

행사장 적정평가는 안전대책의 출발점
- 전문분야의 경험과 지식의 결집 -

제1장 안전대책 관점의 행사장 적정성 평가요소

제2장 안전대책 관점의 행사장 적정성 관련 사례분석

제3장 안전대책 관점의 적정한 행사장 관련 참고 사례

제4장 정리

제 4 편

행사장 적정평가는 안전대책의 출발점
- 전문분야의 경험과 지식의 결집 -

이벤트 안전대책 수립의 궁극적인 목적은 참가자가 이벤트를 안심하고 즐길 수 있게 하는데 있다. 이벤트는 사람에 의해 기획·창출되고 많은 사람들이 모여 이루어지는 행사이다. 따라서 이벤트 기획단계부터 안전과 관련된 사항을 면밀히 검토함으로써 안전을 확보할 수 있다. 이러한 의미에서 이벤트 행사장에서 혼잡사고 발생하게 되면 인재(人災)라 할 수 있는 것이다.

이벤트 주최자나 기획자는 이벤트 기획을 함에 있어서 창조적 내용뿐만 아니라 편의성·성공가능성·경제성 등 모든 조건을 고려하여 이벤트 기획을 하게 된다. 그러나 안전대책의 적용은 비용만 발생시킨다거나 이벤트의 경비대책은 이벤트 기획 후에 해도 된다는 안일하고 비용효율 중심적 사고방식으로 인하여 이벤트 기획과 안전대책을 분리하여 생각하는 것이 지배적인 상황이다.

혼잡사고를 분석한 결과, 혼잡사고라는 비극을 방지하기 위해서는 이벤트의 기획 단계에서부터 안전을 고려하여 기획이 이루어져야 함을 시사하고 있다. 만일, 이벤트에서 사고가 발생할 경우 사회적, 경제적 손실이 큰 것은 물론 민형사상의 책임도 피할 수 없게 된다.

이벤트의 안전대책은 이벤트 기획과 동일한 방향 하에서 이벤트 기획과 안전을 도모하는 방안을 제안하고 이를 실현시키는 것으로 투자효과 면에서도 플러스 효과를 발생시키게 된다.

이번 편에서는 혼잡사고 방지를 위한 방안으로 「안전대책 관점에서의 행사장 적정성」에 대해 기술한다.

1. 예상 참가자수의 타당성 평가

2. 이벤트 내용, 형태, 행사장 수용능력, 레이아웃 등 행사장 공간 이용 계획 평가
3. 행사장 및 그 주변 군집 유동성에 관한 평가
4. 행사장 지형·행사장 접근성의 구조조건에 관한 평가

평가요소에 관한 분석을 위해 아카시 육교 혼잡사고, Love Parade 혼잡사고와 아카시 카운트다운 2001 등과 같은 혼잡사고 발생 직전 상황이 발생한 사례를 대상으로 이벤트의 기획서, 경비계획서, 경비결과 보고서, 혼잡사고 조사보고서, 혼잡사고 직전 군집 현상에 관한 실사영상과 이벤트 관계자 면담조사 및 현장 관찰 내용을 조사하였다.

제1장 안전대책 관점의 행사장 적정성 평가요소

혼잡사고를 예방하기 위해서는 경비를 실시하는 단계가 아닌 이벤트 기획 단계에서 행사장의 적정성을 평가해야 한다. 이벤트 기획단계에서 행사장을 안전대책 관점에서 적정한지 검토하지 않고 단순히 경비가 실시하는 것으로 생각한다면 혼잡사고 발생을 예방할 수 없다.

이벤트 경비 실시 단계에서 안전을 위해 가능한 모든 경비 조치를 취한다 하더라도 고밀도 군집 체류 및 혼잡사고 발생을 피하기 어려운 경우가 있다. 이벤트 경비실시계획에는 참가자 수 예측값을 토대로 참가자의 유동, 지형, 지물 등에 따른 위험을 배제하기 위해 필요한 최소한도의 경비체제와 경비기자재가 책정된다.

통상적으로는 비상근무조 등과 같은 유연하게 대응하기 위한 체제로 편성한다. 그러나 참가자의 급격한 증가로 인해 사전에 계획된 체제로 대응하기 어려운 경우가 있다. 예를 들어 갑자기 일방통행을 실시하는 등 경비계획의 기본 지침을 변경할 필요가 있음에도 불구하고 사전에 계획된 경비원 및 경비 기자재, 홍보활동 등만으로는 대응을 할 수 없는 경우가 있는 것이다.

따라서 본 장에서는 사고사례 분석결과를 바탕으로 「안전대책 관점에서의 행사장 적정성 평가요소」에 대해 검토하고자 한다.

1. 안전대책의 기초가 되는 참가자수 예측 관련 평가요소

이벤트 안전대책은 지역별 이벤트 인지도, 관심도 조사 등과 같은 이벤트 홍보효과 측정을 통해 지역별 참가자수를 예측하고 지역별 참가자수 예측자료에 근거하여 참가수단별, 유입경로별 군집유동상 문제점이나 위험개소를 구체적 장소별 추출함으로써 필요최소한의 경비체제로 경비실시계획을 수립하는 것이 기본적 방식이다.

참가자 수 예측치보다 실 참가자 수가 큰 폭으로 증가하면 참가자 수 예측을 바탕으로 수립된 경비계획 상 경비원 수, 그리고 경비원 운용 등의 체제에 한계가 발생하게 되므로 군집유동에 대응할 수 없게 된다.

따라서 대비한 경비력으로 할 수 있는 모든 경비조치를 실시한다 하더라도 고밀도 군집체류를 방지하기 어려운 상황에 이르게 된다.

경비계획에서 수립되는 통상의 경비체제는 위기관리의 개념이 적용하여 예상되는 참가자 수에서 일정 수준의 여유를 두고 확보하는 것이 원칙이다. 여유수준의 계상은 예상되는 참가자수보다 실제의 참가자가 큰 폭으로 증가함에 따라 이것이 군집유도계획과 같은 안전대책의 근간에 영향을 주는 상황이 될 것인가의 여부에 따라 결정된다.

카운트다운이나 제32회 아카시 시민 여름축제에서는 경비계획 상 일방통행을 예정 하지 않아서 군집 유동이 큰 폭으로 증가했음에도 불구하고 일방통행을 실시하기 곤란했다.

참가자를 예측 할 때는 참가자의 총 수뿐만 아니라 다음의 사항 또한 필요하다.

(1) 이벤트 행사장까지 도달하는 참가수단 및 유입경로 예측

참가자 예측에서 중요한 것은 이벤트 개최의 홍보의 효과측정과 함께 실시되어야 한다는 것이다. 이 효과측정을 통해 지역별 참가자 예측을 할 수 있다. 지역별로 참가자를 예측함으로써 구체적인 대중교통수단 · 차량 · 자전거 및 도보 등 행사장으로의 유입경로와 수단을 예측 할 수 있게 된다.

또한 이벤트 종류에 따라 시간대별, 월별, 일별 참가자 예측 및 군집 유동이 일시적인지 지속적인지 등과 같은 예측도 요구된다.

아이치 만국 박람회에서는 행사장 별로 월별, 일별, 시간별로 예측을 하여 안전 대책을 확립함으로서 수송대책에서 안전을 확보한 사례가 있다.

아카시 카운트다운 2001년, 아카시 육교 혼잡사고, Love Parade 혼잡사고에서 참가자 수 예측 실태 및 경비 조치를 보면 이벤트 행사장의 참가 수단과 유입경로별 예측이 얼마나 필요하고 중요한지 알 수 있다.

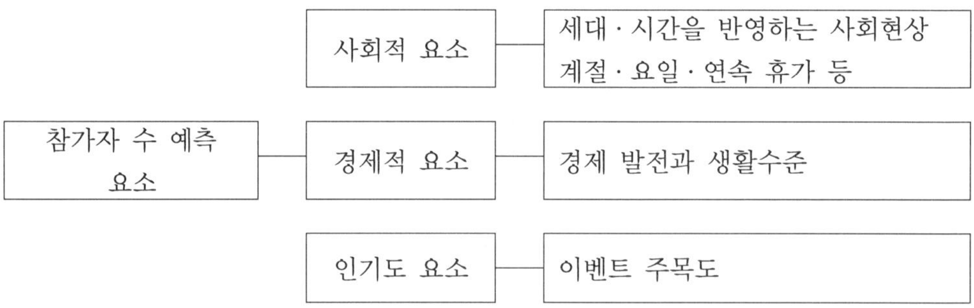

그림51. 참가자 예측 검토 세부 항목

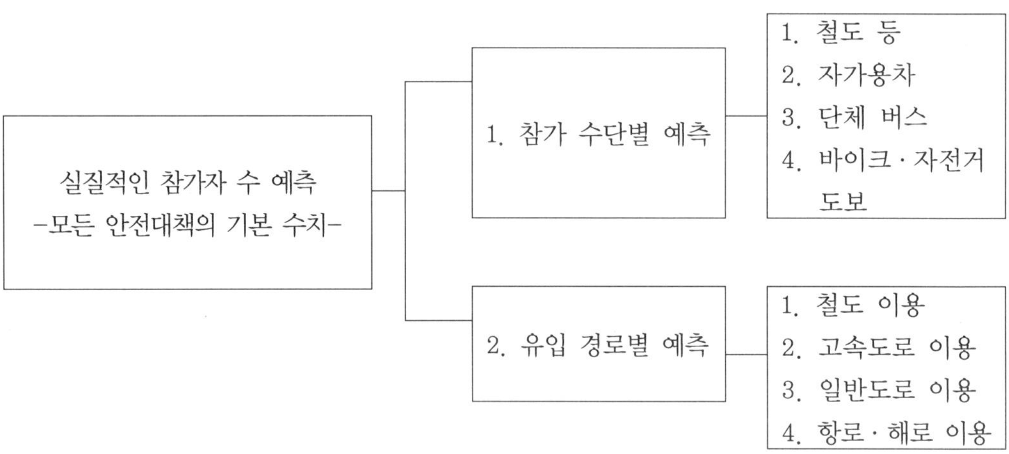

그림52. 경로 별 · 수단 별 방문자 예측 항목

(2) 고령자, 휠체어 이용자, 유아 등의 혼잡약자를 비롯한 참가자 층 예측

참가자 대상별 특성을 고려하여 행사장 안, 유도 경로, 관람 위치, 유도 방식 등을 계획해야 한다. 그러나 고령자, 휠체어 이용자, 유아 등을 비롯한 가족 참가형 이벤트인 경우에는 일반인과 다른 유도방식 및 경비대책이 필요하다. 이벤트 취지 · 목적 · 이벤트 프로그램 등을 분석하여 이에 대한 판단을 해야 한다.

고베 루미나리에에서는 혼잡약자의 안전을 도모하기 위해 「하트 풀 데이(ハートフル · ディ)」라고 하는 고베 루미나리에 시험점등일에 맞춰 신체장애인 참가 날짜를 설정하고 사전 행사를 실시하였다. 이를 통해 실제 행사당일인 점등일에는 혼잡약자의 참가를 최소화 했다.

한편 아카시 카운트다운 2001년 및 아카시 육교 혼잡사고에서는 가족 참가형 이벤트임에도 불구하고 엘리베이터 이용방법 및 유도 등 혼잡약자에 대한 대비조치가 충분히 이루어지지 못했다.

2. 이벤트 행사장 공간 이용계획 관련 평가요소

행사장 공간 이용계획에 따라 행사장 안의 참가자 유동을 규정할 수 있다. 행사장 공간 이용 계획에서 평가해야할 요소는 다음과 같다.

(1) 이벤트 내용 · 형태 관련 평가 요소

(2) 행사장 배치 관련 평가 요소

(3) 행사장 내 수용능력 관련 평가 요소

(4) 행사장 내 기본구조 관련 평가 요소

구체적으로는 다음과 같다.

(1) 이벤트 내용 · 형태 관련 평가 요소

이벤트 내용으로 참가자의 유형(연령대별, 가족형 등)과 행위유형(흥분, 동작 등)을 추측할 수 있다. 또한 이벤트 형태로 행사장 내 참가자 유동을 규정 할 수 있다.

이벤트 내용 및 형태 관련 평가 요소는 다음과 같다.

표14. 이벤트 내용 평가 요소

	종류별	검토요소	군집동향판단
이벤트 내용	1. 참가자 유형	혼잡약자의 참가여부	혼잡약자 대책이 필요
	2. 행위유형	관람자 밀도 및 유동	혼잡밀도와 혼잡현상의 검토
	3. 행사장 유동형태	유동의 지속성	유도동선 검토 필요

표15. 이벤트 형태 평가 요소

이벤트 형태	평가요소
1. 무대 행사 등 관객 체류형	1) 행사장 내 수용인원수 평가 2) 이벤트 개최시간 및 행사장 체류자 추이(推移) 3) 행사장 내 체류 및 접근경로 입장규제 4) 관람석의 설정 · 애프터 이벤트
2. 행사 대상 통과형(관람동선 제시형)	1) 이벤트 통과에 필요한 폭 확보 2) 관객의 관람 공간 확보 3) 이벤트와 관객을 분리 · 방문 수단 별 접근경로 확보
3. 통과하며 감상하는 관객 통과형	1) 일방통행과 상호교행방식 2) 일방통행방식의 경우에는 출입구 검토 3) 방문 수단 별 접근경로 확보 4) 입장규제와 규제 시 체류장소 설정
4. 이벤트와 관객이 일체가 되는 혼재형	1) 이벤트 개최시간 및 행사장 내 체류 수 추이 2) 행사장 내 체류가능 인원 3) 행사장 내 체류와 접근경로 입장규제

(2) 행사장 배치 관련 평가 요소

이벤트 형태에 따라 행사장 형태가 바뀌며 참가자 유동도 규정할 수 있다. 또한 행사장 배치와 행사장 입구의 연동성(連動性)이 참가자 유동을 크게 좌우한다.

행사장 배치 관련 평가 요소는 다음의 표와 같다.

표16. 행사장 배치 평가 요소

평가항목	평가요소	평가 포인트
행사장 배치 및 행사장 내 유동	1. 이벤트 형태에 따른 체류 및 유동 형태 2. 행사장 내 유동을 고려한 배치 3. 행사장 내 유동과 행사장 접근경로 유동의 연동성 4. 출입구는 적절한 면적을 확보	출입구를 피해 점포 및 체류형 배치 체류형 이벤트 배치 검토 출입구를 완전히 분리할 지를 검토 다수의 체류 및 금속 탐지기 설정을 고려

(3) 행사장 수용능력 관련 평가요소

행사장 수용능력 평가는 참가자 수 예측의 정확성, 이벤트 개최 지속 시간에 따라 달라지긴 하지만 참가자 유도 및 체류방지에 큰 영향을 미치는 요소이다. 혼잡사고 사례에서 확인한 바와 같이 아카시 카운트다운 2001년, Love Parade 등은 행사장 수용능력 평가가 적절하게 이루어지지 못했다.

행사장 수용능력 관련 평가 요소는 다음과 같다.

표17. 행사장 수용능력 평가 요소

평가항목	평가요소	평가 포인트
참가자 수 예측 및 행사장 수용능력	1. 이벤트 형태에 따른 행사장 수용능력 2. 동일 장소에서 복수의 행사를 개최할 경우 3. 장시간 지속 이벤트의 유·출입 검토	이벤트 형태별 검토가 필요 행사장 간, 행사장 별 수용능력 평가 이동 관련 검토 관람자 수 예측 및 행사장 내 체류시간 예측 그리고 유출·유입 예측 검토

(4) 행사장 내 기본구조 관련 평가요소

행사장 내부에는 계단, 교량, 터널, 에스컬레이터, 엘리베이터 등 다수의 구조물이 존재하거나 설치되어 있다. 이 모든 구조조건이 방문자 체류를 발생시키며 위험요소가 될 수 있다.

다음의 기본구조 평가가 안전을 확보하는 조건이 된다.

표18. 행사장 내 기본구조 평가 요소

평가항목	평가요소	평가 포인트
행사장 내 구조물 평가	1. 고저차 · 계단 등의 지형 엘리베이터 · 에스컬레이터 등의 설치물 2. 이벤트 형태 및 행사장 내 구조물 설치 장소 3. 평가항목 계단 · 터널 · 교량 · 터널 협소한 도로 · 오르막 엘리베이터 · 에스컬레이터 연속으로 있는 EV/ED	방문객 유동량 검토 설치물의 승차제한 평가 방문객의 심리를 고려한 평가

3. 행사장 내부 및 주변의 군집유동성 관련 평가 요소

혼잡사고 방지를 위해서는 행사장과 그 주변 전체의 유동을 참가수단별, 유입경로별로 검토하고 지형, 지물이 참가자 유동에 있어서 위험을 미치는지 여부에 대하여 판단하여 위험한 경우 안전하고 적정한 참가자 유도선을 설정할 필요가 있다.

이를 위해 행사장 내부와 그 주변의 군집유동을 산정하고(참가자 유동시뮬레이션), 해당 군집유동의 위험성을 판단(군집유동 위험성 판정)한 후 적정한 군집유동으로 수정(위험 군집유동 수정)하는 조치가 필요하다.

표19. 참가자 유동 시뮬레이션

구분	참가자 유동에 필요한 요소
행사장과 그 주변 전체 관람자 유동 및 방문자 경로 별 유동 상정	참가수단별, 유입경로별 유동시뮬레이션
참가자 유동의 위험성 판정	지형 · 지물을 고려한 위험성 판단
적정유동으로 조정	참가자 유동에 위험이 존재하는 경우 적정한 방향으로 수정
참가자 유동의 경비실시기술	적정유동 실현을 위한 경비력

이 유동능력 판정은 경비실시기술과 밀접한 관계가 있기 때문에 경비 전문분야의 지식을 활용할 필요가 있다.

구체적인 평가 요소는 다음과 같다.

(1) 행사장 주변 및 행사장 동선별 군집유동량 관련 평가 요소

지역별 참가자 수 예측과 참가수단별, 유입경로별 참가자 수 예측을 바탕으로 행사장과 그 주변 전체의 군집유동 동선과 유동량을 예측할 수 있다. 그리고 참가자가 집중되는 경로나 경로별 위험성을 판단할 수 있다(군집유동 상정, 위험성 판단).

이를 통해 참가자가 집중되는 유동 중 위험이 예상되는 경로를 다른 경로로 유도하거나 일방통행으로 변경하는 식의 적절하고 안전한 참가자 유동을 위한 참가자 유도선을 설정할 수 있게 된다.

(2) 참가수단별, 유입경로별 군집유동 관련 적정 유동평가

참가자 동선 평가를 바탕으로 참가자 유동을 적절하게 바꿔주기 위해서는 유도선을 설정해야 한다. 단, 이 경우에 행사장의 수용능력과 접근경로 상 유동량 관계에 유의할 필요가 있다. 구체적으로는 행사장 내 참가자 유동계획, 대중교통 이용자, 주차장 유무, 인근역의 운송능력과 참가수단별 거점에서 행사장까지의 접근경로에 도달하는 모든 참가자 유동량을 분석하여 검토해야 하는 것이다.

아카시 카운트다운 2001년, 아카시 육교 혼잡사고, Love Parade의 혼잡사고를 분석한 결과 행사장과 그 주변의 참가자 유동을 충분히 예측하지 못했다는 것이 밝혀졌다.

표20. 행사장 내부와 그 주변의 유동 평가요소

평가항목	평가요소	평가 포인트
참가자 전체 유동 예측	1. 행사장에서 입구와 접근경로 사이의 연동성 2. 행사장 주변의 참가자 유동 시뮬레이션 3. 위험내포 유동경로 보정	원활한 내부 및 접근 경로 방문자 유동 경로별 · 수단별 유동 및 위험성 판정 유도와 관련된 경비 실시 기술 및 능력

4. 행사장 지형 및 접근경로 구조조건 관련 평가 요소

(1) 다수사상자 발생 및 혼잡사고가 발생하기 쉬운 행사장 지형 및 접근경로의 기본구조 평가

행사장이 지형적으로 도로나 철도 등으로 둘러싸여 폐쇄적이거나 접근경로가 도로나 다리, 터널 등 폐쇄공간으로서 군집이 위기상황 시에 대피하기 곤란한 구조인 경우 다수사상자가 발생하는 혼잡사고가 발생하게 된다.

(2) 혼잡사고와 군중심리의 관계평가

제1편의 혼잡사고 발생의 메카니즘 분석 결과에서 밝힌 바와 같이, 군중심리는 행사장 지형이 폐쇄적이거나 혹은 다리·터널 등의 접근경로가 폐쇄공간으로 피난경로가 한정되어 체류군집이 생명의 위기를 느낄 경우 개인적·집단적으로 쉽게 패닉에 빠질 수 있다.

한편, 시가지 내 도로 등 대피가능성이 있는 장소에서는 고밀도 군집체류가 발생한다 하더라도 적절한 조치를 취한다면 안전을 확보할 수 있는 가능성이 높아진다. 본 편 3.에서는 고밀도군집체류가 발생했지만 혼잡사고는 발생하지 않았던 지형, 구조에 관한 참고사례를 언급하고 있다.

(3) 다리나 터널 등 폐쇄공간의 군집유동량 평가

군집유동평가에서는 행사장 접근경로가 다리나 터널 등 폐쇄 공간일 경우 유입경로별 참가자 예측값을 바탕으로 군집유동량을 평가해야 한다.

군집유동량 평가에 관해서는 제3편 제3장 군집체류 예측 시 참고가 되는 학술논문에서 서술했으므로 참고했으면 한다.

그러나 이 유동량 계산 방식은 접근경로의 기본구조나 경비조치 등의 조건이 부가되지 않았으므로 실제 유동량과는 차이가 있다. 그 예로 아사키 육교에서는 불꽃축제가 개시됨으로써 육교가 행사장과 같은 기능을 함으로써 완벽한 체류상태에 빠지게 되었고 군집유동은 제로가 되었다.

이와 같이 참가자 유동량은 '경험과 감'에만 의존할 것이 아니라 평가기준으로 삼아 경험과 지식을 통해 보완함으로써 보다 적절하게 상정해야 한다.

표21. 기본구조 평가요소

평가항목	평가요소	평가 포인트
행사장 내 구조물 평가	1. 고저차 · 계단 등의 지형 엘리베이터 · 에스컬레이터 등의 설치물 2. 이벤트 형태 및 행사장 내 구조물 설치 장소 3. 평가항목 계단 · 터널 · 교량 · 터널 협소한 도로 · 오르막 엘리베이터 · 에스컬레이터 연속으로 있는 EV/ED	참가자 유동량 검토 설치물의 승차제한 평가 참가자의 심리를 고려한 평가 각 장소에 대응하는 구체적인 평가

제2장 안전대책 관점의 행사장 적정성 관련 사례분석

분석 대상 이벤트 사례는 다음과 같다.

〈사례1〉 아카시 카운트다운 2001(2001년 1월)

〈사례2〉 아카시 육교 혼잡사고(2001년 7월, 희생자 11명, 중경상자 247명)

〈사례3〉 Love Parade 혼잡사고(2010년 7월, 희생자 21명, 중경상자 500명 이상)

<사례1> 아카시 혼잡사고 2001 행사장 적정성 평가

아카시 카운트다운 2001은 예측 참가자 25,000명 실제 참가자는 55,000명이었다. 이와 같은 큰 오차가 발생한 원인은 행사장 인근의 주민에 대한 참가예측이 잘못되었기 때문이다.

예상 참가자 수 25,000명 및 실제 참가자 수 55,000명의 군집유도대책은 다음과 같으며 이 분석을 통해 참가자 수 예측의 중요성과 참가자수에 근거한 군집유도방안, 안전대책관점에서의 행사장 공간이용계획, 행사장 접근경로 군집유동량 및 행사장 지형과 행사장 접근경로의 기본구조에 따른 행사장 적정성 판단의 중요성을 확인할 수 있다.

(1) 참가자 수단별, 경로별 예측

참가자 예측 중 참가수단별, 유입경로별 예측은 표22-1, 표22-2와 같다.

이벤트의 인지도와 관심도를 바탕으로 지역별로 참가자 수를 예측하면 참가수단과 유입경로를 예측할 수 있다. 아카시 시 거주 인구 약 29만 명 중 카운트다운에 참가할 것으로 예상되는 인원을 지역별로 추정하여 예상참가자수가 25,000명인 경우, 주요 행사장 접근경로인 아사기리 육교를 이용할 것으로 예상되는 인원수는 JR이용자수를 더해 약 24,000명이라 추정할 수 있다. 예상 참가자 수가 55,000명인 경우 아사기리 육교를 이용할 것으로 추정되는 인원수는 JR 이용자를 합쳐서 약 41,000명으로 추정된다. 행사장의 북쪽과 북동 지역에는 인구밀도가 높은 집합주택이 집중되어 있는 점 등을 고려한다면 주요 접근경로인 아사기리 육교에서 혼잡발생의 가능성을 충분히 예상할 수 있다(그림53).

표22-1. 방문자 수단 별 · 경로 별 예측

지역별	인구	7%	예측경로
행사장 북동 지역	18,165	1,272	아사기리 육교
행사장 북쪽 지역	18,369	1,286	
행사장 북서 지역	15,289	535	
소계	51,823	3,093	
행사장 북서 지역	15,289	535	오오쿠라 아사기리 육교
행사장 서북서 지역	11,463	802	
소계	26,752	1,337	
행사장 서쪽 지역	1,000	70	
소계	39,215	70	
합계	79,374	4,500	
JR이용		21,000	아사기리 육교
오오쿠라타니역 이용		1,000	
방문자 예측 계		26,500	

표22-2. 방문자 수단 별 · 경로 별 예측

지역별	인구	43%	예측경로
행사장 북동 지역	18,165	7,811	아사기리 육교
행사장 북쪽 지역	18,369	7,899	
행사장 북서 지역	15,289	3,287	
1Km권 외		2,000	
소계	51,823	20,997	
행사장 북서 지역	15,289	3,289	오오쿠라 아사기리 육교
행사장 서북서 지역	11,463	4,929	
1Km권 외		2,000	
소계	26,752	10,216	
행사장 서쪽 지역	1,000	430	그 외 서쪽 주택
1Km권 외		100	
소계	39,215	530	
합계	79,374	32,743	
JR이용		21,000	아사기리 육교
오오쿠라타니역 이용		1,000	
방문자 예측 계		54,743	

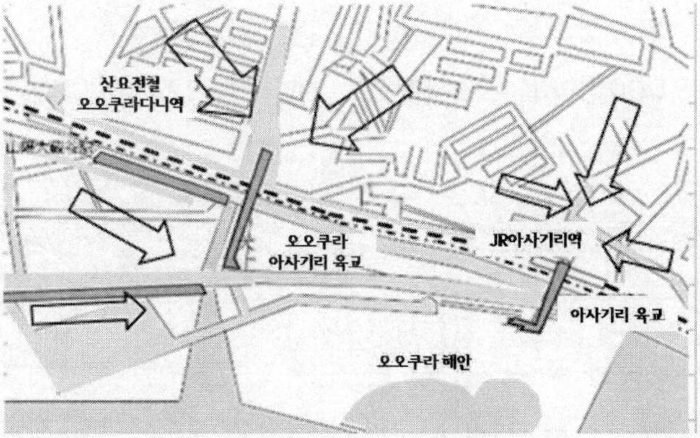

그림53. 행사장 주변 지역 방문경로 예측 도면 (⇨ 예측 경로)

(2) 유도선 설정 예

역 앞 광장과 버스 로타리 행사장 북쪽은 행사장 북쪽의 주민의 출입통로, JR 승차의 개찰통로와 오오쿠라 아사기리 육교에서 우회하는 군집의 통로이자 무대 이벤트에 참가하는 군집의 통로가 된다.

따라서 JR역 앞은 체류공간과 유도선의 확보가 필요하고 이를 위해서는 육교의 북쪽과 JR 아사기리 역 앞 버스 로터리 및 택시 승강장을 역 앞 광장이 아닌 장소로 임시로 이동시키고 역 앞 교통을 통제해 차량진입을 제한할 필요가 있다.

또한 행사장에서 육교를 이용한 출입은 폭12m의 행사장 내 유도도로에서 나온 군집이 폭 3m의 계단을 통과하게 된다. 따라서 육교의 계단입구에서 출입군집을 유도할 때에는 아치액션 현상(Arch Action)[23] 등을 방지하기 위해 군집이 입구로 원활히 들어갈 수 있도록 유도해야 한다. 때문에 계단 아래에서 폭 3m 유도선을 설정할 필요가 있다(그림54-1, 그림54-2).

23) 아치액션(arch action): 출구가 한 곳 뿐일 때. 군집이 피난 시 출구를 향해 앞을 다투어 쇄도하여 출구를 중심으로 반원을 그리듯 겹치면서 한동안은 서로 까딱도 하지 못하는 상태

검토 사례 1

예상 참가자 25,000명 시 유도대책

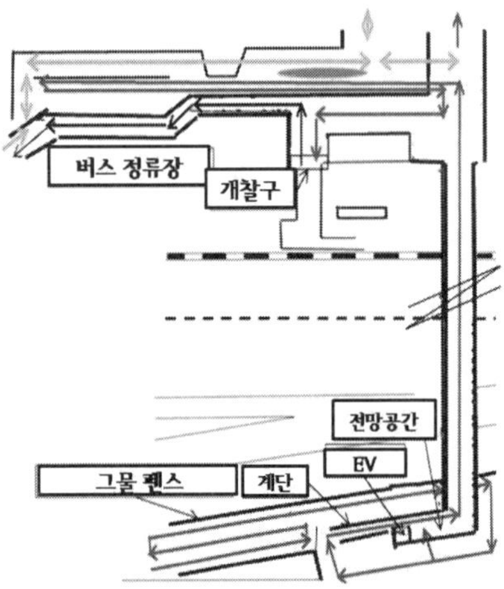

그림54-1. 유도선 설정 사례

검토 사례 2

예상 참가자 55,000명 시 유도대책

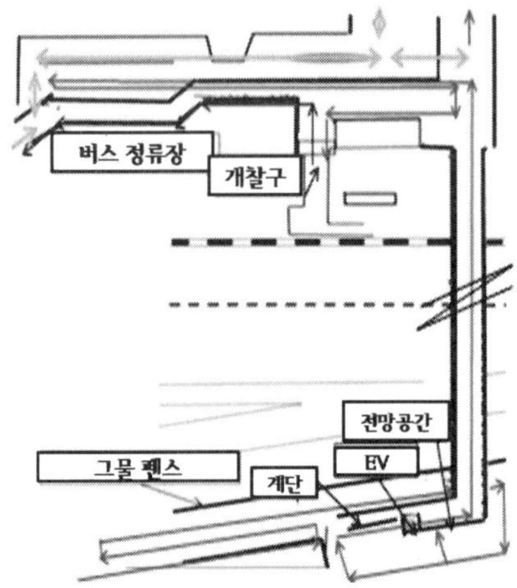

그림54-2. 유도선 설정 사례

(→ 유도선)

한편, 오오쿠라 아사기리 육교의 자동차 통행을 금지시켜 오오쿠라 아사기리 육교를 행사장 북측 주민의 접근경로로 삼고 아사기리 육교는 JR이용자 전용 접근경로로 삼는 대책이 있으나 이 부분은 별도로 검토하도록 하겠다.

(3) 군집유도선 설정사례 및 설정 거리

통과하는데 소요되는 시간은 참가자의 심리상태에 영향을 준다. 이를 고려하여 참가자 유도선을 설정하여(그림54) 설정거리와 순간체류 인원수를 추정해 보면 표23-1, 표23-2와 같다.

표23-1. 유도장소별 유도거리 및 순간체류(25,000명)

유도장소	유도거리	면적	평방밀도	유도인원
아사기리역 일대	168m	504㎡	5人/㎡	2,520人
육교 위	100m	300㎡	5人/㎡	1,500人
계단 · 전망 공간	26m	78㎡	5人/㎡	390人
계단아래 대기 줄	250m	750㎡	5人/㎡	3,750人
계	544m	1,632㎡		8,160人

표23-2. 유도장소별 유도거리 및 순간체류(55,000명)

유도 장소	유도 거리	면적	평방밀도	유도인원
아사기리역 일대	168m	504㎡	5人/㎡	2,520人
육교 위	100m	300㎡	5人/㎡	1,500人
계단 · 전망 공간	26m	78㎡	5人/㎡	390人
계단아래 대기 줄	550m	1,650㎡	5人/㎡	8,250人
계	844m	2,532㎡		12,660人

(4) 육교통과 소요시간 추정

군집밀도 및 보행속도 역시 보행자의 심리에 영향을 미친다. 평탄한 도로나 계단에서 일방향 진행일 경우 진행속도는 약 38cm/초(군집밀도 5명/㎡시) 전후이다. 또한 도중에 진행을 방해하는 장해물이 없는 경우 통과 소요 시간은 단순 계산으로 표22~1의 경우 24~29분, 표22~2의 경우 37~43분이 된다.

그러나 카운트다운의 방문자 유동방식은 대향유동으로 관람체류가 발생했었다. 이로 인해 육교를 통과하는데 3~4시간이라는 장시간이 소요되었다.

직근역의 이용자 실태, 행사장 체류 인원 추계, 관람체류, 유도가 요구되지 않은 시간이 오전 3시였다는 사실을 고려하여 카운트다운의 아사기리 육교의 통과 인원수를 추정하면 표24와 같다.

표24. 행사장 접근경로별 통과상황 추정

결절점		~23시	~24시	~1시	계
아사기리 육교	유출	4,100	14,000	10,500	28,600
	유입	12,000	1,700	800	14,500
유·출입 계		16,100	15,700	11,300	43,100

(5) 행사장 적정성 평가

지금까지의 분석 결과를 바탕으로 안전대책 관점에서 카운트다운의 행사장 적정성을 평가 하면 다음과 같다.

1) 참가자 예측 관련 평가

행사위원회가 예상한 참가자 수는 25,000명이었다. 그러나 실제 방문자 수는 55,000명이었으므로 2.2배에 달하는 예측 오차가 발생했다. 이는 행사장 북쪽 주민에 대한 참가예측이 부족했던 결과이다.

이 오차는 특히 행사장 주요 접근경로인 아사기리 육교를 통과할 것으로 예상되는 인원에 대해 큰 영향을 끼쳤다. 때문에 경비계획에서 정한 유도대책이나 경비력의 한계를 초과하였고 행사장 적정성에도 영향을 끼쳤다고 할 수 있다.

2) 행사장 공간이용계획 관련 평가

출입하는 참가자가 계단 하부에서 집중되는 것을 방지하기 위해 유도선을 서쪽으로 약 150m 이동한 조치는 행사장 공간이용계획 상 적절한 조치였다. 그러나 계단하부 공간의 유도도선을 설정하지 않아 계단하부에서 고밀도 군집체류가 발생하게 되었다.

3) 행사장 배치 유동량 관련 평가

① 예측 참가자 수가 25,000명일 경우 행사장 적정성 평가

예상대로 참가자가 25,000명이었을 경우를 상정하여 행사장 적정성을 평가하면 주요 접근 경로인 아사기리 육교를 통과할 것으로 예상되는 인원수는 약 24,000명으로 상당히 많은 인원이 집중됨을 알 수 있다.

역 앞 광장의 교통통제 및 유도선 설정, 계단 하부 유도선 설정, 관람체류 방지대책을 실시한 결과 통과 소요시간이 대략 1시간 30분임을 고려하면 행사장 적정성은 허용범위 내에 있는 것으로 평가할 수 있다.

위와 같은 이유로 오오구라 해안에서 이벤트 개최 시 수용가능 인원수는 행사장 수용인원수와는 관계없이 접근경로 통과가능 인원수에 따라 25,000명이 상한값이라고 평가할 수 있다.

② 예측 참가자 수가 55,000명일 경우 행사장 적정성 평가

예측 참가자 수의 오차는 표16~2에서 보는 바와 같이 행사장 주요 접근경로인 아사기리 육교의 통행 예상인원에 큰 영향을 끼쳤다. 그 결과 경비계획 상 경비력의 한계를 넘어 대응 할 수 없는 군집유동이 발생 하게 되었다.

따라서 예측 참가자 수 55,000명의 경우에는 안전대책 관점에서 행사장의 적정성을 인정할 수 없다고 할 수 있다.

4) 행사장 지형 및 접근경로 기본구조 관련 평가

행사장은 주변이 바다 및 철도로 둘러싸여 행사장으로의 접근경로가 4곳으로 한정되어 있는 폐쇄적인 구조였다.

또한 주 행사장 접근경로인 아사기리 육교는 경치를 관람할 목적으로 설계되어 다수의 군집통행을 상정하지 않았다. 이로 인해 육교 폭은 6m인데 행사장으로 가는 계단 폭은 그 절반인 3m에 불과하고, 육교 남단에는 전망공간과 엘리베이터 승강장소가 있어서 군집 유동 상 병목현상이 발생하거나 고밀도 군집체류가 발생하기 쉬운 구조였다.

<사례2> 아카시 육교 혼잡사고의 행사장 적정성 평가

「제 32회 아카시 시민 여름 축제」는 카운트다운과 동일한 행사장에서 개최되었다. 예상 참가자수는 10만 명 이상이었으며 사고 조사위원회 분석에 따르면 실제 방문자 수는 약 8만 명으로 추정하고 있다.

카운트다운 축제와 같이 아사리기 육교 남단 부근에서 발생한 고밀도 군집체류 때문에 혼잡사고가 발생하였다.

카운트다운 사례분석 결과를 바탕으로 행사장 적정성을 평가한다면 판단 요소 전부에서 행사장에 부합하지 않았다고 할 수 있다. 그 이유는 다음과 같다.

(1) 참가자 수 예측 관련 평가

이벤트 기획단계에서부터 가족참가형으로 기획되어 참가자 수가 10만 명을 넘을 것이라는 것을 예측하고 있었다.

아카시 카운트다운 2001을 분석한 결과, 이벤트 개최 시 참가자 수의 상한은 25,000인 것을 알 수 있다. 그러나 예상 참가자 수가 그 4배에 달하는 데에도 불구하고 카운트다운 행사와 동일한 방식으로 참가자 유도대책을 실시한다면 고밀도 군집체류를 방지하는 것은 상당히 어렵다고 평가하는 것이 당연할 것이다.

(2) 행사장 공간이용 관련 평가

군집유동과 관련하여 유도선을 설정할 경우에는 군집의 원활한 유동이 필수불가결한 조건이다. 그 중에서도 특히 유도선 입구에서의 출입이 원활하도록 유도대책을 세우는 것이 중요하다.

아카시 카운트다운 2001에서는 육교 계단 하부에서 행사장까지 유도선을 설정하여 모든 방향에서 군집의 출입유동이 계단으로 집중되는 것을 방지하였다. 그러나 아카시 육교 혼잡사고에서는 계단 하부에 「노점」을 배치하여 방문자의 원활한 유동을 방해하였다. 이것은 행사장 공간이용계획에서 육교 전체의 원활한 유동을 방해하는 큰 원인으로 작용하였다(그림55).

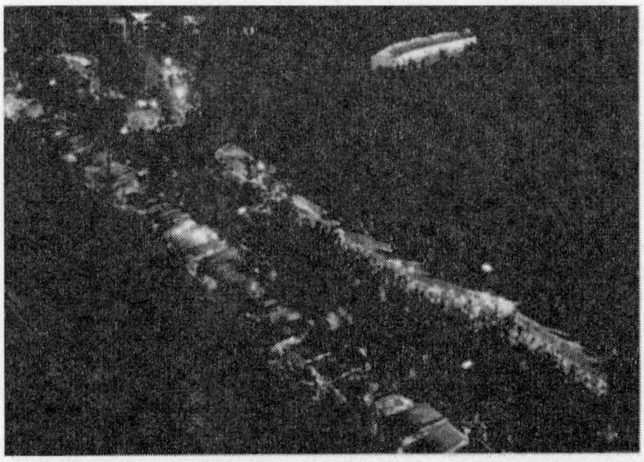

그림55. 육교 계단 아래 노점 상황 (사고조사위원회 보고서 인용)

(3) 행사장 접근경로 유동량 관련 평가

아카시 카운트다운 2001 사례 분석의 결과 행사장 접근경로 4곳의 예측 통행가능 인원수는 일방향 유동일 경우 총 24,000명/h, 아사기리 육교는 일방향 흐름일 경우 14,000명/h로 나타났다.

불꽃축제를 메인으로 한 이벤트의 경우 불꽃축제 종료 전후에 행사장 접근경로에 참가자가 집중된다. 이러한 조건을 고려한다면 약 10만 명이라는 예상 참가자 수는 행사장 접근경로 통과가능 총 인원의 4배 이상에 해당하므로 군집유동량 면에서 볼 때 적합하지 않은 행사장이라고 할 수 있다.

(4) 행사장 지형 및 접근경로 기본구조 관련 평가

아사기리 육교는 경치감상을 주목적으로 폐쇄적 공간으로 설계되었다. 이로 인해 육교 위에서 불꽃축제를 관람할 수 있는 조건이 갖춰져 있었음에도 불구하고 관람으로 인해 발생하는 체류방지 조치나 유도선을 설정하지 않았다. 육교는 행사장과 같은 기능을 수행함으로서 접근경로 기능을 상실하고 참가자 유동이 방해를 받게 되었고 원활하지 않게 된 참가자 유동은 고밀도 군집체류를 야기하게 되었다. 따라서 행사장 접근경로의 군집 유동량에 관한 검토가 부족했던 것으로 평가할 수 있다.

(5) 고베 지방 재판소 판결(2004년 12월 17일)

피고인 5명을 금고 2년 6개월에 처한다(시 공무원은 5년의 집행유예, 경비회사 책임자 및 경찰관은 실형)(경찰관·경비회사 책임자는 대법원에 상고 ~ 판결이 확정).

주최자의 안전대책 책임과 관련하여 살펴보면 「경비회사를 선별하는 단계에서 이미 행사장 선정·불꽃축제 장소·야간 매점 위치·이벤트 타임 테이블 등이 결정되어 있었다. 때문에 경비적인 관점에서 의견을 제시할 기회가 주어지지 않았다.」 「경비업체 결정 전에 이미 주최자가 경찰과 협의를 완료하였다. 경비위탁 업무를 수행함에 있어 주최측에서 경비원의 배치계획을 제시하는 등 혼잡사고 대비계획 수립의 주체성이 경비회사에 없었으므로 안전에 대한 우선책임이 경비회사에게 있다는 주장은 부당하다.」 라고 판시하고 있다.

이벤트 안전대책 수립 시에는 행사장 선정·이벤트 개최내용 및 형태·이벤트 프로그램 등에 대해서 경비 전문분야의 전문적인 경험과 의견을 이벤트 기획단계에서부터 반영하여 안전대책에 관해 상세히 검토해야 함을 시사하는 판결이라 할 수 있다.

<사례3> Love Parade 혼잡사고 행사장 적성 평가

Love Parade 혼잡사고는 뒤스부르크에서 개최된 Love Parade 행사장과 직접 연결된 접근경로상의 도로에서 유입군집과 유출군집이 서로 반대 진행방향으로 보행하는 상태로 정면충돌한 사고사례이다. 군집 밀도 11명/㎡ 이상인 상태로 체류하여 초고밀도 군집체류가 발생했다. 이로 인해 복잡한 한계군집파동현상에 기인하여 압박과 전도가 군집 내 발생함에 따라 사망자 21명 부상자 500명 이상의 피해를 초래하였다.

해당 혼잡사고의 YouTube영상, Love Parade 경비 관계자 면담조사와 이벤트 개최 행사장 및 그 주변을 관찰한 결과 해당 혼잡사고는 참가자 예측, 공간이용계획, 행사장 접근경로 내 군집 유동성, 행사장 지형 요소가 복합적으로 작용하여 발생한 혼잡사고라는 것이 밝혀졌다.

(1) 참가자 수 예측 관련 요소 평가

뒤스부르크 시 정부 보고서, 인터넷 정보, YouTube영상 그리고 경비 관계자 면담조사를 바탕으로 행사장 적정성을 검토한 결과는 다음과 같다.

Love Parade개최 약 한달 전인 6월 15일에 시 정부가 언론에 발표한 바에 따르면 「예상 참가자 수는 100만 명 이상」이었다. 경찰은 이에 대해 시 정부 쪽에 예상 참가자 수 재검토를 문서로 요청하였고 이벤트 개최 2일 전인 7월 22일에 재차 확인문서를 제출했다.

과거 타 도시에서 개최한 사례에서는 주최자가 발표한 참가자 수가 실제보다 많았기 때문에 경찰은 실제 참가자 수를 고려하지 않았고 철도수송능력을 고려하여 판단을 했다.

이러한 사실은 이벤트가 개최되기 약 한달 전에 예상 참가자수를 확정하지 않은 상태에서 이벤트 기획을 진행했다는 것을 추측가능하게 한다.

이와 같이 참가자 수의 예측과 행사장 내 체류 상한인원이 명확하지 않았다. 때문에 군집 유동 상황을 분석하기 위해 필요한 다음의 조건을 설정하여 산출하였다. 그 결과는 다음과 같다.

1) 행사장 이벤트 유효면적은 약 8만4천㎡

2) 행사장 체류 상한인원은 군집밀도 3명/㎡

3) 평균 체류시간 약 2시간

위의 조건 설정으로 평균 유입·유출 인원수를 추정한 결과, 총 참가자 수는 약 158만 명, 행사장 내 체류 인원수 상한은 25만 명, 예측 참가자는 약 50만 명으로 나타났다.

사고가 발생한 16시 41분경의 시간대에는 행사장 내 약 24만 명, 행사장 접근경로에는 약 11만 5천 명이 모여 있던 것으로 추정된다.

예측 참가자 수를 50만 명으로 가정할 경우 군집유동 상황은 표24와 같다.

표24. 행사장 유입·유출 인원수 추정표

(단위: 명)

시 각	입장 인원	퇴장 인원	체류 인원
10:00~13:00	106,000	0	106,000
13:00~14:00	80,000	0	186,000
14:00~15:00	60,000	30,000	216,000
15:00~16:00	60,000	40,000	236,000
16:00~17:00	60,000	55,000	241,000
17:00~18:00	60,000	65,000	236,000
18:00~19:00	60,000	80,000	216,000
19:00~20:00	14,000	85,000	145,000
합 계	500,000	355,000	1,582,000

(2) 행사장 공간이용 관련 요소 평가

예상 참가자 수를 50만 명, 행사장 내 체류 상한 인원수를 25만 명으로 가정하여 행사장 공간이용계획을 분석한 결과는 다음과 같다.

1) 이벤트 내용 및 형태

행사장 지형은 폐선된 화물역사로서 동쪽은 철도 선로, 서쪽은 고속도로, 북쪽과 남쪽에 출입 가능한 도로가 있었으나 북쪽 도로는 이벤트 관계자 전용 도로로 설정하였다. 따라서 행사장은 남쪽에 있는 2개의 행사장 접근경로로 한정된 폐쇄적인 지형이었다(그림46).

이벤트 내용 및 형태는 DJ가 있는 음악 스테이지 이벤트와 플로트(대형 트럭) 15대가 화물역(폐역사) 주변의 참가군집 내를 순환하는 형태로 되어있다(그림56 ~ 그림58). 이 상황은 YouTube 영상을 참고 하면 된다.

행사장 공간이용계획(레이아웃)은 다음과 같다. 우선 행사장 접근경로의 반대편(북쪽)에 스테이지를 배치하여 DJ가 연주하는 메인 행사장으로 구성했다. 그리고 참가자를 행사장 북쪽에 있는 메인 행사장으로 유도하였다. 방문자가 체류되기 쉬운 행사장 이용계획이라 할 수 있다.

2) 행사장 내 한계 체류 인원 수 및 행사장 유도대책

Love Parade와 같이 행사장 지형이 폐쇄적이며 입구가 한 방향에만 존재하는 주머니 형태의 행사장이 있다. 이런 형태의 행사장에서 장시간 지속하는 이벤트 그리고 참가자가 혼재하는 형태의 이벤트를 실시 할 때에는 행사장과 그 주변의 참가자 유도대책, 행사장 내 참가자 체류 상한인원의 설정 및 행사장 내 체류가 포화상태에 도달한 경우의 유도선, 입장제한 조치 등 이벤트 관계자 간 연계 및 정보공유가 중요하다.

행사 개최 2일 전에는 「행사장 내 한계 체류 인원 수 판단 책임자를 명확히 하고 주최자 및 소방 사이의 연락 요원 파견」 신청서를 제출하였다. 행사장 내 체류가 한계에 달한 경우를 대비해서 유도 도로 입장통제 대책을 수립했을 것으로 추측할 수 있다.

행사장 내 한계 체류 인원수 설정이 불분명 하므로 행사장 내 체류 가능 인원수를 평균 밀도 3명/㎡로 계산하여 약 25만 명, 참가자 수를 약 50만 명으로 가정해 방문자 유도계획을 분석하였다. 우선 무대행사를 행사장 북쪽에 설치하였으므로 참가자를 무대 앞으로 유도해야 한다. 때문에 체류는 북쪽부터 순서대로 입구방향(남)쪽으로 증가하였다. 분석 결과, 이와 같은 공간이용계획은 행사장 내 군집 유동이 곤란하여 군집체류가 증가할 가능성이 높다는 것을 쉽게 알 수 있다.

예상 참가자 추정치를 보면 이벤트 개최시각인 13시에 이미 입장객이 10만 명을 넘어섰고 계속해서 6만 명/h ~ 7만 명/h의 입장객이 유입된 것으로 추정할 수 있다.

이어서 단시간 동안만 참가하는 인원을 중심으로 하여 15시 경부터 퇴장객이 증가하기 시작한다. 그러나 이 시점에는 이미 행사장 내 체류 수가 상한에 가까운 25만 명에 이르렀을 것으로 추정된다. You Tube에 게시된 자료를 보면 15시 경 주최자가 경찰에게 유도로 통제를 요구하였다. 그러나 경찰책임자와 연락이 닿는데 45분이라는 시간이 소요되었다는 보고가 있었다.

위와 같이 행사장 내 체류 인원수가 한계에 이른 경우에는 방문자 유도선에서 입장통제를 하는 것으로 협의되어있었으나 주최측 및 소방 간의 연락요원으로 경찰 관계자를 파견해 두었음에도 불구하고 45분간 제대로 연락을 하지 못했다. 때문에 조기에 유효한 유도대책을 실시하지 못했다.

경찰의 현장책임자와의 면담조사를 수행했으나 그 이유를 확인할 수는 없었다. 근본적인 원인은 시 정부·이벤트 주최자·경찰 그리고 소방 등 이벤트 관계자 간의 관련정보나 위험관련 정보공유를 소홀히 했다는 데 있다 할 것이다.

(3) 행사장 접근경로 관련 평가

1) 인근역에서 행사장으로의 군집 유도선

이벤트 계획에 따르면 행사장 근처 역에서 행사장까지 동쪽 루트, 서쪽 루트의 군집 유도선(도로 폭 18~30m, 거리 각각 약 2km)을 설정하였다.

또한 행사장으로 직접 오는 접근경로가 있는데 이곳으로 오려면 터널을 통과해야 한다. 그 터널 안에서 동·서 유도선과 메인 접근경로 도로 및 서브 접근경로 도로가 모두 만나게 된다(그림56).

유도선에서 참가자 유동은 다음과 같다. 우선 서브 접근경로 도로가 퇴장용 일방통행 도로로 설정되어 있었다. 그 이외의 동·서 유도도로, 메인 접근경로 도로는 일방통행이거나 별도로 구분되는 등의 조치가 취해지지 않았다. 참가자 유도도로는 쌍방향 통행 방식으로 되어 있었다. 결과적으로 유입군집과 유출군집이 교착상태에 빠지게 되는 계획을 세운 것이다(그림56~그림58).

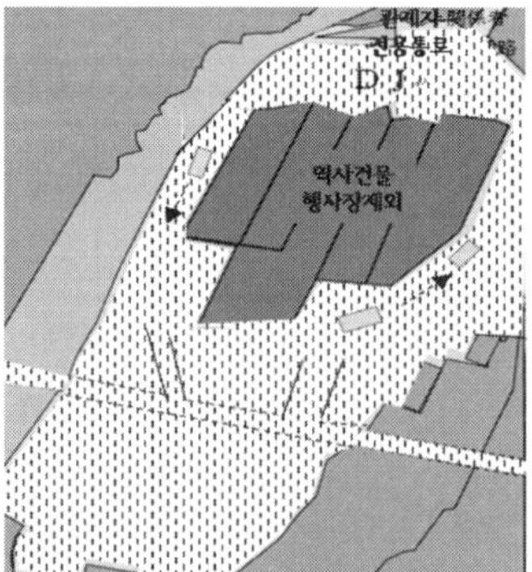

그림56. 행사장 전경 및 공간이동 계획

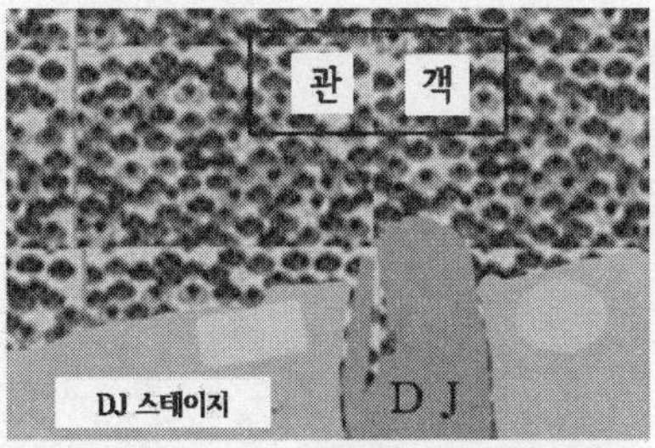

그림57. DJ연주 및 관중

그림58. 플로트 순회 및 관중

2) 행사장 접근경로

① **접근경로 도로 개요**

동·서 군집유도선과 부접근로가 만나 터널 안에서 삼거리를 형성하는 부분이 발생한다. 행사장 접근경로는 삼거리에서 시작하여 행사장까지 이르는 접근경로 도로이다.

이 접근경로 도로(폭 약 25m, 길이 약 115m)는 완만한 언덕길로 행사장과 연결되어 있다. 접근경로 도로 양쪽은 콘크리트 벽으로 되어 있다(이하, '주 접근로'라고 칭한다.).

주 접근로 서쪽 측벽에는 폭 76cm, 높이 7m의 계단이 설치되어 있었고 동쪽 측벽에는 2개의 가로등이 있었다.

또한 주 접근로에서 서쪽 방향으로 150m 떨어진 위치인 터널 안에서 동·서방향의 군집유도선과 만나 삼거리를 형성하는 또 다른 도로가 있다. 이 도로는 삼거리에서 행사장 까지 이어지는 폭 18m, 길이 120m의 접근경로 도로이다(이하 서브 접근경로 라고 칭함, 그림59 ~ 그림62). 이벤트 계획에서는 이 부접근경로를 행사장을 벗어나는 일방통행 도로로 설정하였다.

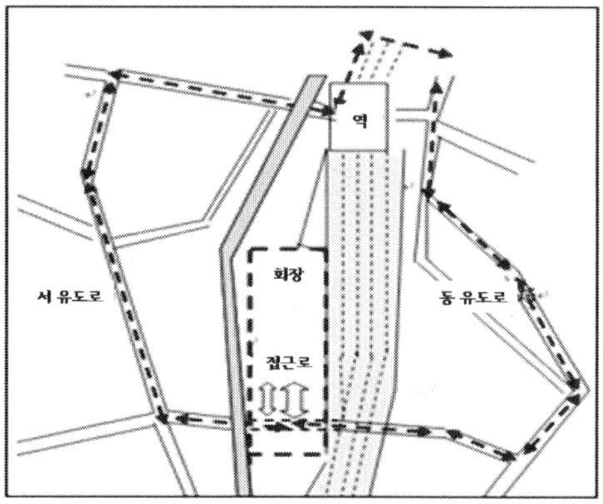

그림59. 인근역의 군집유도선

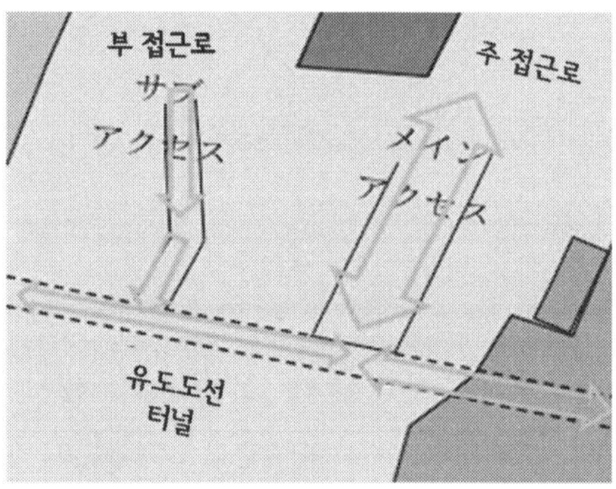

그림60. 행사장 접근경로 도로

그림61. 행사장 주 접근경로

그림62. 행사장 부 접근경로

② **터널에서 합류하는 유도로(誘導路)**

인근 역에서 오는 동·서 유도선의 군집은 터널 안(폭 18m, 그림63)에서 합류한다. 그리고 주 접근로와 부 접근로를 통해 행사장으로 가는 방식으로 유도 방식을 책정했다.

주 접근로의 군집유동량 및 부 접근로 군집유동량, 터널 유도로(폭 18m), 군집유동량 간에는 아래의 항 3)과 같은 차이가 발생한다.

그림63. 서 유도로 터널

3) 행사장 접근경로와 합류지점의 군집유동량 관련 평가

주 접근로로 향하는 방문자(유입) 군집과 부 접근로 오는 귀가(유출) 군집을 터널 안에서 따로 분류하지 않았기 때문에 터널 도로에서 교착대향류로서 합류하게 된다.

주 접근로의 참가자 유동량은 단순 계산으로 일방향류인 경우 최대 통행 가능 인원수는 약 14만 명/h 이다. 부 접근로의 참가자 유동량은 단순 계산으로 일방향류일 경우 최대 통행 가능 인원수가 약 10만 명/h이다. 따라서 총 합계 24만 명/h이 된다.

한편 주 접근로와 부 접근로가 합류하는 터널 내 도로는 일방향류일 경우 최대 통행가능 인원수가 약 10만 명/h이다.

예를 들어 행사장에서 퇴장하는 유동 인원수로 터널 안 합류지점의 유동량을 검토해보자. 터널의 유도도로 합류지점에서 직근역으로 향하므로 동·서 유도도로 양방향으로 군집이 나누어질 것으로 가정한다 하더라도 4만 명/h의 참가자가 행사장 접근경로 안에서 체류하게 된다.

그러나 모든 행사장 접근경로 도로가 입장군집과 퇴장군집을 분류하지 않은 쌍방향 통행이었으므로 일방향류의 통행가능 인원수가 대폭 감소하여 체류가 증가하게 된다.

따라서 행사장과 접근경로가 되는 도로의 기본구조로 인해 행사장 안의 군집 체류가 점점 증가하게 되는 것이다. 더욱이 접근경로 유도도로에 2중의 병목구조가 존재하므로 이벤트 기획 단계에서 군집 체류를 예측 할 수 있다.

(4) 행사장 지형 및 행사장 접근경로의 기본구조 관련 평가

행사장은 고속도로와 철도노선으로 둘러싸여 있었다. 따라서 행사장 접근경로가 한 방향으로 한정된 폐쇄적인 행사장이었다. 또한 행사장의 접근경로가 되는 도로의 구조조건을 보면 행사장 접근경로 양쪽이 콘크리트 벽으로 막혀져 있었으며 유도선이 합류하는 터널 역시 폐쇄적인 구조였다.

이렇듯 극단적으로 폐쇄적인 구조조건에서는 후속 군집이 계속 유입될 경우 군집누적이 심화되어 급격히 고밀도화 · 고압력화 현상이 발생한다. 또한 접근경로가 폐쇄공간이며 군집이 도피할 가능성이 적으므로 폐색(閉塞)적인 분위기 때문에 공포감이 형성되기도 한다.

(5) Love Parade 행사장 적정성 평가

Love Parade 행사장 적정성 관련 평가는 다음과 같다. 행사장 적정성 평가의 4요소 모두가 사고의 원인으로 작용하였다. 안전대책 관점 상 Love Parade행사장은 적정하지 않았던 것으로 판단할 수 있다.

1) 참가자 수 예측 관련 평가

Love Parade 이벤트 관련하여 과거 개최 도시에서 방문자 수 공식발표를 보면 100만 명을 넘었다고 되어있다(실제 방문자 수 불명).

2010년 6월 15일에 시 당국 그리고 주최자가 기자에게 발표한 「예상 참가자 수 100만 명 이상」에 대해서 경찰은 6월 18일에 「참가자 수 예측 재검토」 관련 문서를 제출하였다. 또한 실질적인 이벤트 개최 허가인 「개최장소 용도변경허가」를 받고 이벤트 개최 2일 전인 2010년 6월 18일 의사록(회의의 경과 및 결정 등을 적어 놓은 기록)을 요구한 것을 확인하였다.

이와 같은 사실은 경비대책의 기본인 예측 참가자 수를 이벤트 관계자 간에 확정하지 않은 채로 경비계획을 책정했다는 것을 시사하는 것이다. 또한 예측 참가자 수를 확정하지 않은 채로 이벤트를 실시했을 가능성이 높음을 짐작해 볼 수 있는 대목이다.

2) 행사장 공간이용계획 관련 평가

행사장 공간이용계획의 요점은 이벤트 내용 및 형태와 행사장 수용 능력, 행사장의 레이아웃이다.

Love Parade 행사장 지형은 접근경로가 각각 폭 25m, 폭 18m 두 곳 뿐이었다. 그런데 이곳들은 모두 폐쇄성이 높은 병(bottle)형태의 구조이다. 또한 이벤트 형태는 DJ가 음악연주를 하며 체류해 있는 관중 사이를 플로트(차량)가 순행하는 것으로 계획되었다. 이는 전형적인 관객과 이벤트가 혼재하는 형태라 할 수 있다.

병 모양의 행사장에서 혼재형 이벤트를 실시할 경우 행사장 안에서 군집유동이 원활하기는 쉽지 않다. 때문에 군집체류가 증가할 가능성이 높으므로 행사장 유입·유출 계획을 충분히 검토할 필요가 있다. 또한 참가자 유도계획에서도 행사장 내 군집체류가 위험수치에 달했을 때에는 행사장 외부의 유도선에서 참가자를 통제하여 유입을 조정할 필요가 있다.

따라서 입장객 실태를 확실하게 파악할 필요가 있다. 이벤트 관계자 면담조사 결과 유입인원 산정장치를 설치해두었으나 해당 장치가 작동하지 않아 입장객 실태를 파악하지 못했던 것으로 추정된다.

3) 행사장 접근경로 군집유도 관련 평가

행사장으로 직접 연결된 접근경로 도로는 행사장으로 가는 길과 동쪽과 서쪽의 두 길이 합류하는 터널 구조의 삼거리에서부터 시작된다. 때문에 군집 유동량은 유도도로인 터널에서 통행 가능한 인원에 의해 결정된다.

행사장 접근 경로는 일방향류일 경우 통행 가능 인원수가 약 24만 명/h이다. 그러나 터널 유도도로를 통해 통행할 것으로 예상되는 인원수는 약 10만 명이다. 따라서 행사장 접근경로의 삼거리 부근은 군집체류가 발생 할 가능성이 높다는 것을 충분히 예상할 수 있다.

실제 개최 상황을 보면 행사장 안이 위험 체류 상태에 도달하여 유도선에서 입장통제를 실시하였으나 성공하지 못했다. 결과적으로 행사장 접근경로 도로에서 입장군집과 퇴장군집이 정면충돌 하는 형태로 고밀도로 체류하게 되었고 이로 인해 체류압력과 전도현상으로 인해 다수의 사상자가 발생하는 혼잡사고가 일어났을 것으로 추정된다.

4) 행사장 지형 및 접근경로 구조 평가

행사장은 옛 화물역 자리로서 동쪽은 철도 노선, 서쪽은 고속도로이다. 행사장으로 통하는 접근경로 도로는 남쪽과 북쪽에 있다. 그러나 북쪽 도로는 이벤트 관계자 전용도로로 이용했기 때문에 방문자 접근경로는 남쪽 메인 접근경로와 서브 접근경로로 한정되어 있었다. 폐쇄적인 행사장이라 할 수 있다.

또한 행사장 접근경로는 높이 최대 7m의 콘크리트 측벽으로 둘러싸여 있었다. 유도도로들이 합류하는 곳은 터널로 두 곳 모두 폐쇄적인 공간이다. 게다가 행사장 접근경로와 유도도로가 교차하는 터널 간에는 참가자 유동량 차이가 매우 크다. 이를 보면 참가자의 유입 및 유출 시 체류를 예측할 수 있다.

이렇듯 폐쇄적인 공간 안에서 고밀도 군집 체류가 발생한 경우에는 대피가능성이 제한적이므로 군집체류가 발생하게 되면 패닉이 발생하기 쉬워진다. 따라서 7시간 지속 이벤트를 수행하면서 50만 명(가정)을 넘는 참가자가 예상되는 행사장으로서는 부적절하다고 평가 할 수밖에 없의며 행사장 접근경로 역시 적절하지 못했다.

제3장 안전대책 관점의 적정한 행사장 관련 참고 사례

본 장에서는 1954년 이후의 혼잡사고와 사고 발생 위험으로 인해 중단된 행사 등 구조조건 관련 평가가 불충분 했던 주요 이벤트 사례를 참고할 수 있도록 하였다.

1. 행사장 접근경로 구조조건 관련 혼잡사고 사례

〈사례1〉 일본 황궁 일반인 하례[24] 니쥬교(二重橋) 혼잡사고[25]

1954년 1월 2일(1954년) 신년, 일반인 하례군집이 방명록이 있는 장소(記帳所)에서 황궁 앞 광장까지 들어와 혼잡해졌다. 이로 인해 니쥬교 위에서 군집일시 정지 통제를 실시하였다.

통제된 사실을 인지하지 못한 후속 군집이 계속해서 유입되면서 군집이 누적되어 가중밀도가 높아지고 압력현상이 발생했다. 때문에 일시정지를 부분적으로 해제하려 하였으나 그 때 니쥬교 위 군집이 일제히 움직이기 시작했다. 통제선 선두에 있던 사람이 넘어지는 것을 시작으로 그 위로 겹쳐서 넘어지면서 혼잡사고가 발생하였고, 이 혼잡사고로 사망 16명, 중경상 64명이 발생하였다.

24) 원문에는 '참하(궁중에 가서 축하의 뜻을 표함)'으로 표기됨.
25) 도쿄 치요다구 치요다의 황궁 내에 있는 다리의 통칭.

일반인 하례 유도선은 출입구가 분리되어 일방통행으로 되어 있다. 그러나 유도선 입구인 니쥬교 앞 광장은 그림64와 같이 사방에서 집중되는 유도방식이었다. 이로 인해 통행통제 등의 조치를 취하기 곤란했다.[26)]

그림64. 황궁 니주교

〈사례2〉 일본 니이가타현 이야히코(彌彦神社) 신사 혼잡사고

1956년 신정 니이가타현에 있는 이야히코 신사에서 신년 참배에 맞춰 떡 뿌리기(餅まき)를 실시하였다. 1955년의 떡 뿌리기 행사는 경내의 본전 앞에서 이루어졌으나 혼잡이 발생하여 정문에서 경내로 들어와 양쪽으로 분산되어 이루어졌다.

신년 떡 뿌리기는 인기가 있어서 약 3만 명이 참배하러 갔던 것으로 추정되고 있다. 사고 당시 행사를 마치고 돌아가는 약 8천 명의 군집이 정문에 모였다.

한편 떡 뿌리기 행사에 참가하려 하는 참배객 약 1천명도 정문 앞으로 모여들었다. 정문 앞의 돌계단에서 정면충돌 상태로 몸싸움이 일어나 고밀도 군집 체류가 발생했다. 차례차례로 겹쳐서 낙하하면서 사망 124명, 중경상 301명이 발생한 혼잡사고가 일어났다.

당시에는 군집이론이 확립되지 않았으며 오늘날과 같은 경비회사가 존재하지 않았다. 때문에 명확한 경비계획이 책정되지 않았으며 구급·구명 대책도 확보되어 있지 않았었다. 그래서 부상자가 장시간동안 배전(拝殿, 신사에서 배례하기 위하여 본전(本殿) 앞에 지은 건물)에 방치된 상태로 있었으며 결과적으로 다수 사상자가 발생한 혼잡사고가 되었다.

사고가 발생하기 직전 해에도 배전 앞 신년 떡 뿌리기 행사 시 방문자 수가 많

26) You Tube 영상(http://ja.wikipedia.org/wiki/%E4%BA%8C%E9%87%8D%E6%A9%8B%E4%BA%8B%E4%BB%B6)과 토리우미 이사오(鳥海勲)의 저서 「재해의 과학」에서 당시 혼잡상황을 소개하고 있다.

아 혼란을 야기했었다. 따라서 떡 뿌리기 행사를 참배객이 모여드는 정문 앞 2 곳으로 변경하였으나 참배객 동선의 분산 등의 조치는 전혀 취해지지 않았다. 때문에 입장객과 퇴장객이 정문 앞 계단에서 정면충돌 하여 고밀도 상태로 체류하였다. 이와 같이 당해사고는 행사장 공간이용계획과 행사장과 그 주변 참배객의 동선계획의 부족에 기인한 혼잡사고라 할 수 있다.

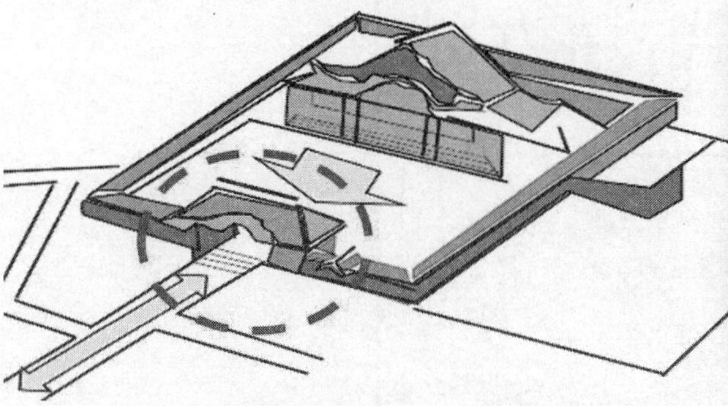

그림65. 이야히코 신사 경내

그림66. 정문

〈사례3〉 캄보디아 프놈펜 물 축제 혼잡사고

2010년 10월 메콩강과 그 지류로 둘러싸인 강 가운데의 모래톱(中洲)에서 물 축제가 3일간 개최되었다. 그곳은 개발지역이다. 물 축제는 연례 축제가 된 유명한 행사였으며 사고가 발생한 다이아몬드 섬은 메콩강과 그 지류로 둘러싸여 있다. 행사장은 본토에서 접근경로가 3개의 다리뿐인 폐쇄적인 지역이었고 대형 쇼핑센터 등 개발지역이여서 평소에도 유동인구가 많은 지역이었다.

참가자 수 예측이 명확하지 않고 참가자 유도선 또한 명확하게 정해놓지 않았다. 때문에 행사장 접근경로인 3개의 다리 중 이벤트 개최지와 가깝고 편리한 북쪽의 흔들다리의 교량(폭 6m, 길이 100m)에 유입군집과 유출군집이 합류하면서 정면충돌했다. 그리고 그 상태로 체류하여 고밀도 군집체류가 일어나 혼잡사고가 발생했다.

세부 사항은 불명확하지만 인터넷과 TV 보도에 따르면 공교롭게도 흔들다리였기 때문에 군집의 체류로 인해 다리가 크게 흔들렸다. 체류하던 군집은 다리의 흔들림을 느끼고 "다리가 무너진다."라며 공포심을 느끼고 패닉에 빠져 넘어지거나 강에 뛰어들게 되었고 사망 348명, 중경상 600명 이상을 낸 혼잡사고가 발생했다.[27)]

당해 혼잡사고는 방문자 수 예측·행사장 이용 계획·행사장과 그 주변의 전체 참가자 유도 계획 그리고 행사장 접근경로 구조조건 검토 등 행사장 적정성과 관련된 4개의 항목 모두에서 결함이 있는 문제가 많은 이벤트였다.

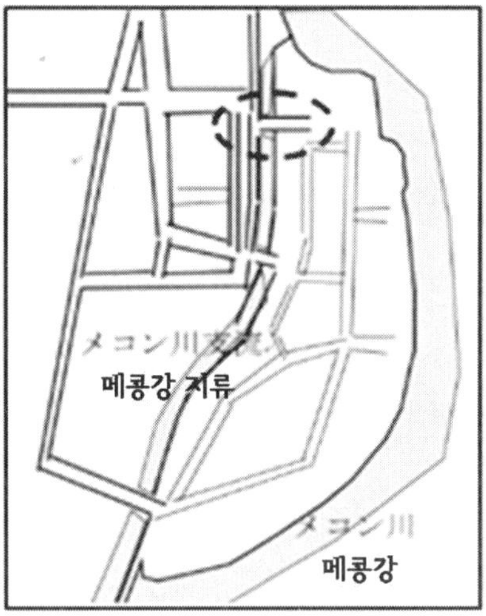

그림67. 행사장인 모래톱(中洲)과 사고가 발생한 다리

2. 행사장 내 구조 조건 관련 혼잡사고 사례

〈사례1〉 중국 상하이(上海) 와이탄(外灘) 천이(陳毅)광장 혼잡사고

2014년 12월 31일 오후 11시 35분 경 상하이의 와이탄 광장에서 새해맞이 카운트다운을 기대하는 약 30만 명의 방문자가 있었다. 탄이 광장 내 북쪽 계단에서 계단을 오르는 군집과 내려오는 군집이 정면충돌하여 서로 밀어붙이는 상태가 되었다. 그러다가 마치 봇물이 터지는 듯 한 상태로 군집이 떨어졌고 사망 36명 중경상 47명이 발생하는 혼잡사고가 일어났다.

방영된 영상[28]을 통해 확인 한 군집 현상은 다음과 같다. 계단 위에서 체류하

27) You Tube 영상(http://youtube-shocking.sblo.jp/article/56303878.html)에서 혼잡사고 직전의 패닉 상황을 소개하고 있다.

28) http://v.youku.com/v_show/id_XODYxODcxODUy.html

고 있는 군집에 후속 군집이 유입되어 밀도와 압력이 증가했다. 무질서한 유도 행위, 비명이 들리는 등 수많은 혼잡사고 직전의 패닉 현상이 현저히 드러나는 상태이다. 이 상태에서 안전대책을 취하기 위해 남아있는 수단은 경찰관 등 유도담당자의 핸디 메가폰과 확성기로 홍보활동을 하는 것뿐이었다.

이와 같은 패닉상태를 방지하기 위해서는 본 편에서 강조하는 「안전대책 관점에서 행사장의 적절성 평가」 항목을 구체적으로 검토해야 한다.

그림68. 와이탄 관람 행사장 혼잡 풍경

그림69. 계단 부근의 혼잡

그림70. 계단(혼잡사고 현장)

당해 혼잡사고와 관련하여 2015년 1월 20일 「12.31 와이탄 천이광장 혼잡 쇄도 사건 연합 조사조(組)」가 1월 21일 발표한 조사 결과의 주요 내용만 참고를 위해 열거해 보겠다.

1) 사고발생 및 긴급구조 상황

① 사건 발생 경과

22시 37분 와이탄 천이광장 동남각 북쪽 계단에서 한쪽 방향 경계대가 파손된 이후 현장의 의무 경찰이 질서를 유지하려고 했으나 여전히 많은 방문자가 반대쪽에 몰려 있었다. 23시 23분~33분 사이 위로 향하는 사람과 아래로 향하는 사람이 충돌하여 계단 중간에서 교착상태에 빠졌고 그 이후 파동을 형성하였다. 23시 35분 군집은 대치상태였으나 아랫방향으로 압력이 급격히 증가하였다. 이것이 계단 아래쪽 추락 사고의 원인이 되었다. 불꽃놀이를 보던 사람들이 떨어졌고 혼잡도를 가중시키는 원인으로 작용했다.

2) 원인분석

① 신년의 카운트다운이라는 리스크 변화 미고려

② 신년 카운트다운 홍보 활동 부족

③ 준비가 심각하게 부족하였다.

④ 혼잡 감시요원의 상황변화 대응력 부재(판단 및 경고 등)

⑤ 부적절한 분석 대응

3) 사고 성격

당해 사고는 사고 예방활동 및 준비부족, 현장 관리부족. 부적절한 대응과 군집의 과밀로 인해 다수의 사상자라는 심각한 결과가 발생한 공공의 안전 책임 사고이다.

4) 시정 권고

① 엄중한 보안책임제 구현, “바른 사상”을 강화. “마지노선”을 인지

② 대규모 행사장 대응 및 안전관리 활동 강화, 관련 규제 및 시스템 개선
③ 감시 및 조기 경계 강화. 방재역량 강화
④ 긴급상황 시 대응 강화, 긴급상황 대응능력 강화.
⑤ 경비 훈련 강화, 사회 전체의식 및 공공 안전 대응 능력 강화

〈사례2〉 한국 옥외 라이브 혼잡사고

2014년 10월 한국·판교 테크노벨리 U Space Mall 내 오픈 스테이지에서 4Munute, T-ara 등 인기 가수가 출연하는 라이브 「제1회 판교 테크노벨리 축제」가 개최되었다. 행사장 내 설치된 환풍구 위로 올라가 관람하고 있던 관객 약 31명이 배기구 뚜껑이 하중을 이기지 못하고 무너지면서 추락했다. 그 결과 사망 16명·중경상 15명이 발생한 혼잡사고가 일어났다.

행사장은 쇼핑몰 2동 사이에 설치된 길이 약 100m, 폭 약 36m의 오픈 통로에 위치해 있었다. 스테이지 방향으로 완만한 경사가 있으며 화단과 벤치가 있고 스테이지 근처에는 에스컬레이터 및 계단이 설치되어 있었다. 즉 설치물이나 요철이 많은 행사장이었다.

인기 가수가 출연하여 관객 심리 상 흥분도가 높았다. 관객들은 '조금이라도 더 가까이 보고싶다.'는 심리가 작용하여 담, 디딤대, 전신주, 경사진 둑 등에 관람위치를 확보하려 하였다.

사고 현장 근처의 목격자 증언에 따르면 행사장 안은 인파로 가득 차 있었고 공연이 개막되고 나서 관객은 함성을 높이며 춤을 추었다고 한다. 그리고 환풍구 위의 관객 역시 그러했다고 한다.

인기 가수가 출연하는 라이브의 참가자 수 예측 평가, 행사장 내 수용 인원 평가, 스테이지 배치 및 높은 장소에 대한 대책인 행사장 구간 이용 계획, 행사장 내 유동 및 구조물 평가와 평가를 바탕으로 한 안전대책 조치 등 안전대책 관점에서 행사장 적정성 평가 항목에 관한 의문점이 남아있다.

그림71. 옥외 라이브 사고 발생 현장 사진

〈사례3〉 중국 베이징 바이허(白河) 불꽃놀이 대회 혼잡사고

2004년 2월 베이징 교외의 바이허 부근에서 개최된 불꽃놀이 대회에서 바이허(강)에 놓인 길이 약 100m, 폭 6m 다리를 약 3,000명이 양 끝에서 건너기 시작했다. 그러다가 중앙 부근에서 전면 충돌 상태로 체류하여 고밀도화 되었다. 큰 압력이 발생하여 난간이 무너졌고 참가자가 강에 추락하면서 사망 37명, 부상 37명이 발생한 혼잡사고가 일어났다.

이 불꽃놀이 대회는 주최측의 독자적인 판단으로 개최한 행사였다. 따라서 참가자 예측이나 유도대책 등은 검토되지 않았다고 한다. 또한 경찰 당국이 행사개최를 인지하지 못한 상태였기 때문에 경찰 조치도 전혀 취해지지 않았다.

베이징 시에서는 당해 혼잡사고 발생 이후 불꽃놀이 행사 등을 개최할 경우, 개최신고를 의무화 하는 등 법적 규제를 강화하였다.[29)]

당해 혼잡사고는 주최자 단독 개최이므로 안전대책 관점에서 행사장 적정성 평가의 3요소를 검토하지 않았다. 이로 인해 발생한 이 사고사례를 통해서 안전에 대한 큰 교훈을 얻을 수 있다.

---

29) 고베대학 · 세이카대학 혼잡사고 관련 공동 연구회에서 세이카대학이 보고

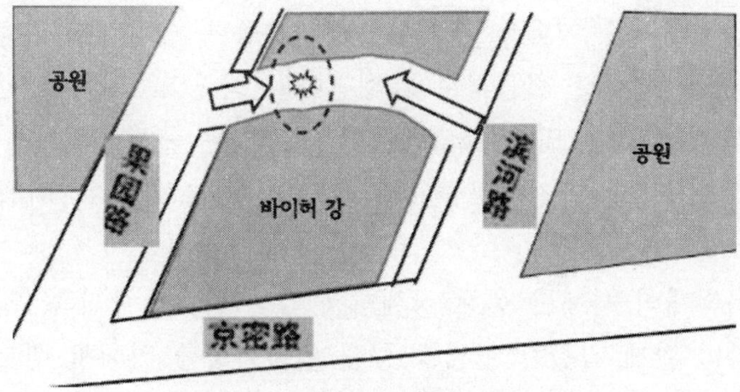

그림72. 불꽃놀이 대회 부근 도면

2. 혼잡사고 직전의 고밀도군집체류가 발생한 사례

예상 참가자와 실제 참가자 수가 3.7배에서 4.7배 정도로 큰 차이가 발생했음에도 불구하고 고밀도군집체류는 발생하였으나 혼잡사고로까진 이어지진 않은 이벤트 사례가 있다.

한신·아와지 대지진 후 개최된 고베 루미나리에 행사, 동일본 대지진 후 개최된 「도호쿠 육혼제(東北六魂祭)」, 런던 올림픽 메달리스트 긴자 퍼레이드 등이 있다.

이 3가지 사례의 공통점은 개최 행사장이 시가지 도로였고, 수십만 명이라는 다수의 참가자가 있었으며, 교차하는 도로가 있고, 개방 공간의 확보가 가능하였다는 것이다. 따라서 사고 발생 없이 안전하게 종료할 수 있었다는 것이다.

고베 루미나리에 및 도호쿠 육혼제는 대지진 후 개최된 행사로서 「진혼」을 목적으로 하였기에 엄숙한 성격이라는 공통점이 있다. 한편, 고베 루미나리에는 관객통과형이었으나 도호쿠 육혼제와 런던 올림픽 메달리스트 긴자 퍼레이드는 행사통과형이라는 차이가 있다.

시가지에서 개최하는 경우 이벤트 행사장 안전대책의 주요내용은 다음과 같다.

(1) 이벤트와 관객의 접촉 방지·참가자 체류 장소의 후방에서 전방으로 밀어내기 방지 조치·육교나 과선교 등 높은 장소에서의 관람 방지 대책·적절한 준비 및 유도조치·긴급상황 시 피난경로 설정이다.

(2) 이벤트 안전대책은 이벤트 행사장 내의 유동에 대해서만 수립하는 것이 아니다. 이벤트 행사장 접근경로에 해당하는 직근역, 지하상가, 중앙광장, 지상으로 향하는 계단 및 에스컬레이터, 다리 등 군집유동 상 병목구조에 해당하는 장소선별과 안전확보를 위한 구체적인 조치 또한 이벤트 안전대책인 것이다.
도호쿠 육혼제의 사례를 통해 상세히 언급하겠으나 주최측, 경비 담당자, 경찰, 그 밖의 관계 기관간 협의를 통해 위험회피를 위해서 행사를 중단하거나 중지하는 등의 용기 있는 결단 또한 간과할 수 없는 조건이라 할 수 있다.

〈사례1〉 고베 루미나리에(제1회 째 1995년 12월)

고베 루미나리에는 시가지 도로 약 280m 빛 장식 안을 군집이 통과하는 관객통과형 이벤트로 계획되었다.

제 1회의 개최기간은 11일 간으로 예상 참가자 수는 기간 중 76만 명, 1일 최대 12만 명으로 추정되었다.

실제로 기간 중 254만 명이 참가하여 예상 참가자자 수의 3.3배, 1일 최대 참가자 수는 38만 명으로 예상 참가자 수의 3.1배에 이르러 예상수치를 크게 상회했다. 이로 인해 접근경로 도로에서 8명/㎡, 약 2만 8천 명의 고밀도 군집 체류가 발생하였다.

대지진과 같은 특별한 조건에서 참가자 수를 예측할 때 고려해야 하는 이재민의 심리는 1) 가혹한 재난 피해 현실을 받아들이고 부흥을 바라는 심리, 2) 재해 피해 지역에서 개최되는 여름 축제나 가을 축제에서 마음의 여유를 되찾기를 바라며 많은 사람들이 참가, 3) 전 국민이 재해피해 지역의 지원 심리를 통해 고베 루미나리에에 참가 등을 들 수 있다. 따라서 이러한 모든 조건을 종합적으로 검토할 필요가 있다.

제 1회 첫날은 예측 참가자 수를 바탕으로 루미나리에 관람코스를 자유관람으로 운영하였다. 그러나 점등 전에 행사장과 그 주변에서 12만 명이 체류, 4시간의 행사시간 중 참가자가 38만 명에 달해 행사장은 매우 혼잡했다. 따라서 일방통행으로 방식을 변경할 수밖에 없었다. 참가자 유동방식을 자유관람 방식에서 일방통행

방식으로 전환하기 위해서는 다음의 조치가 필요하다.

① 일방통행 방향 결정 ~ 해산 장소가 공원으로 여러 방향으로 유동 가능해야 함

② 번화가 쇼핑객 · 통근자 · 루미나리에 참가자 유동을 분할하고 루미나리에 참가자를 일방통행 입구로 유도하는 대책

③ 300명에 달하는 경비원 및 유도 요원 배치 재검토

④ 경찰 · 교통 기관 관계자와 조정

⑤ 교통기관 및 지역 관계자의 협력

이와 같은 조치를 실행위원회가 구현하기 위해 노력하였다. 본인은 당해 이벤트에서 경비계획 책정과 경비를 지휘한 이벤트 경비업무를 수행했다. 혼잡사고 직전의 고밀도 군집 체류가 발생하였음에도 사고가 발생하지 않은 이유는 다음과 같다.

① 이벤트 성격이 엄숙했기 때문에 경비원의 정리유도에 참가자가 적극적 협력

② 행사장이 시가지 도로였기에 교차하는 도로가 많았고 도로로 분산됨으로써 긴급상황 시 유도도로를 확보할 수 있었음.

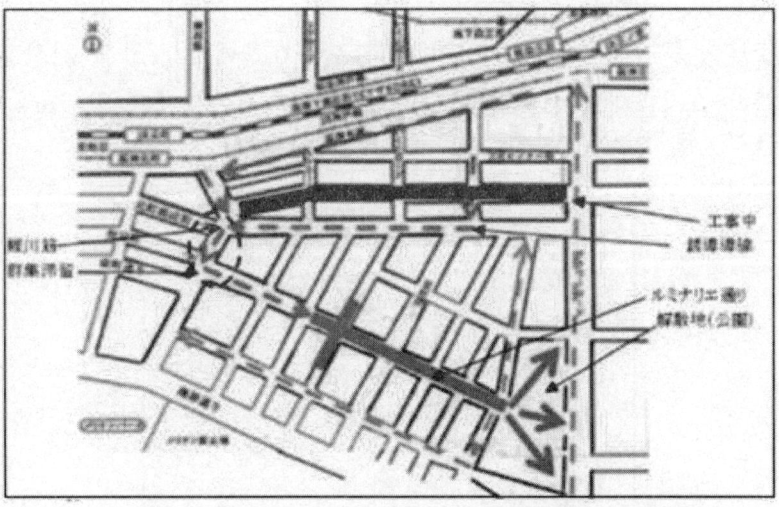

그림73. 고베 루미나리에 도선도 경비계획서 인용

그림74. 고베 루미나리에

〈사례2〉 런던 올림픽 메달리스트 긴자 퍼레이드[30]

2012년 8월 20일 도쿄도 내 긴자 약 1Km 거리에서 약 20분 동안 런던 올림픽 리스트의 개선 퍼레이드가 이루어졌고 약 50만 명이 방문하였다.

흥분도가 높은 이벤트로서 관람장소는 퍼레이드 코스에 한정된 이벤트였으나 사고 없이 무사히 종료되었다. 그 이유는 다음과 같다.

① 혼잡한 상황이었으나 완충공간을 설정

② 교차로가 많고 폐쇄성이 없었음

이러한 종류의 혼잡상황에 대처하기 위해 안전대책에서 중요한 사항은 참가자가 모이고 해산하는 시간대의 인근역과 지하 출입구의 유도대책을 확립하는 것이다.

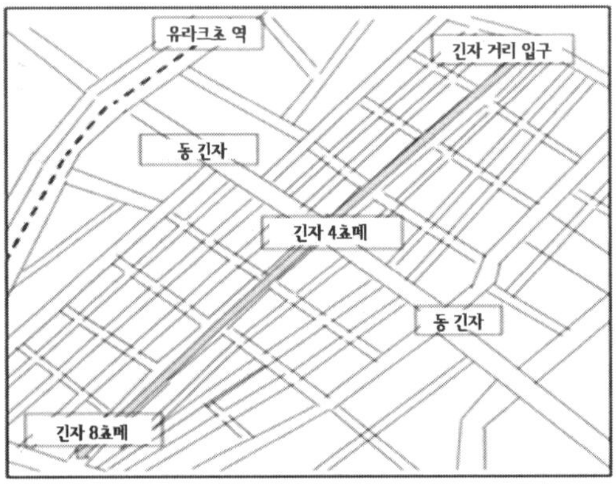

그림75. 긴자 퍼레이드 코스

30) You Tube(photo.sankei.jp.msn.com/essay/data/2012/08/0820medalist/)

3. 혼잡사고 직전상황이 발생하였으나 행사의 일부나 전부를 중지한 사례

도호쿠 육혼제는 2011년 3월 11일 동일본 대지진 후인 7월 16일, 17일 2일간 미야기현 센다이(仙台) 시내의 도로 약 500m에서 개최한 행사통과형 이벤트이다(그림76, 그림77).

예상 참가자 수는 1일당 5만 명 총 10만 명이었다. 실제로는 첫날 13만 3천 명, 둘째 날 23만 3천 명, 총 약 37만 명으로서 예상치의 3.7배에 이르렀다.

퍼레이드 형태는 시가지 도로 약 500m를 왕복으로 퍼레이드 하는 행사통과형으로 계획되었다. 첫째 날은 퍼레이드 경로를 따라 설정된 관객 구역 약 1만 1천㎡에 약 8만 3천명이 방문하여 혼란스러웠다.

때문에 관객과 퍼레이드의 접촉 그리고 고밀도 군집 체류로 인한 혼잡사고 위험을 회피하기 위해서 주최측과 경찰 관계자가 현장에서 협의하여 일부 행사를 중지하였으며 이틀째에는 퍼레이드 코스를 편도 500m로 하여 관객 구역을 확대해 퍼레이드를 실시하였다.

2012년 모리오카(盛岡)에서 개최된 「도호쿠 육혼제」 에서는 예상 참가자가 20만 명 이었는데 실제로는 24만 명이 방문하였다. 그러나 시가지 내 도로 약 1Km 편도 퍼레이드였기에 큰 혼란 없이 개최되었다.

센다이(仙台)의 참가자 예측은 다음과 같이 이루어졌다.

① 동일한 취지로 개최된 고베루미나리에 사례분석이 이루어졌는가?

② 퍼레이드 관람 참가자 예측 실시

- 행사장 공간이용 계획에 관해서는 다음의 내용이 참고가 된다.

❶ 퍼레이드 코스 500m 도로를 왕복하는 퍼레이드 형태이므로 예측 참가자 수와 관객면적은 적절한가?

- 행사장과 그 주변의 참가자 유도계획에 관해서는

❷ 철도 이용자·단체 버스에 따른 방문자 유도선의 설정

❸ 여러 장소에서 개최되는 이벤트 행사장 간 방문자 유도대책 수립

등 행사장 적정성 평가요소의 검토에 관한 검증

센다이 육혼제에서 확인된 행사장 적정성과 관련된 과제에 대해서는 모리오카·후쿠시마에서 개최된 육혼제에서 교훈으로 삼아 활용하였다. 그 결과 행사는 사고

없이 진행되었다.

주목해야 할 점은 센다이에서 행사를 개최할 때 주최측과 경찰 등의 이벤트 관계자가 협의하여 위험을 회피하기 위해 퍼레이드 일부 중지조치에 대한 결단을 내렸다는 것이다. 지진 및 화재 발생 시 등 위기관리 중요 요소로서 행사중지 및 지속을 판단하는 조직을 설치할 필요가 있다.

이 상황들은 You Tube 영상으로 소개되었으므로 참고하기 바란다.

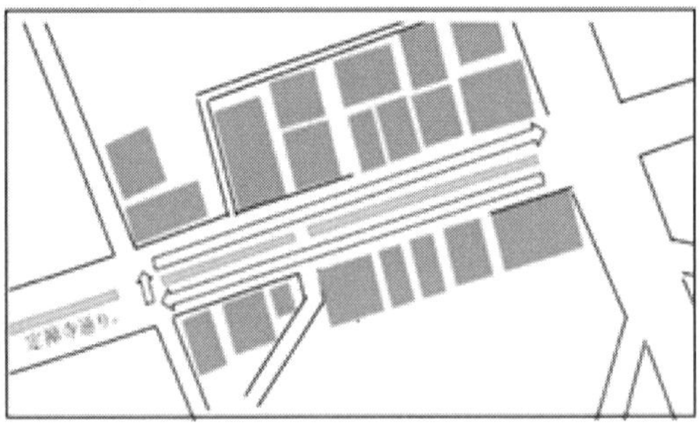

그림76. 퍼레이드 행사장 (⇨ 퍼레이드 코스)

그림77. 퍼레이드 혼잡 풍경

〈사례1〉 TOKYO HIKARI VISION(2012년 12월)

2012년 12월 21일부터 28일 오후 6시부터 오후 7시 40분에 걸쳐 도쿄역 마루노우치(丸の内)쪽 역사에서 역사를 스크린으로 하여 프로젝션·맵핑 영상(1회 10분 간)을 투사하는 행사를 TOKYO HIKARI VISION 실행위원회가 계획하였다.

실행위원회는 행사에 앞서 9월에 유사한 쇼를 개최했을 당시 다수의 관람객이 있었던 경험치를 토대로 교코거리(行幸通り) 주변까지를 관람객 공간으로 설정하

였다. 약 2만 명을 수용할 수 있을 것으로 판단하여 경비원 및 유도 요원을 100명 증원하여 합계 400명으로 안전을 유지하려 하였다(그림78). 그러나 첫날인 21일은 약 8만 명, 22일은 약 10만 명이 찾아왔고 23일은 약 12만 명이 방문하였다. 이로 인해 '차도에 관람객이 생기는 등 안전을 확보 할 수 없다.' 는 이유로 45분 간 상영을 중지하고 이후 검토를 통해 행사 자체를 전부 취소하였다.

당해 이벤트는 예측 관람객 수가 타당하였는지, 행사장 공간이용계획 그 중에서도 관람객 수 예측 및 행사장 수용 능력이 적절하였는지, 쇼핑객, 통근하는 사람, 일반 관광객 등을 분리하여 유도하는 방식이 적절하였는지 등을 검토할 필요가 있음을 시사하는 사례이다.

또한 You Tube 영상(https://www.youtube.com/watch?v=II0RtKvusSw)에서 소개하고 있으므로 참고하길 바란다.

그림78. 도교역 마루노우치 쪽 행사장 약도 및 사진

제4장 정리

이벤트 업계에서는 「이벤트 경비대책은 이벤트를 기획한 다음에 한다.」라는 사고방식이 지배적이다. 그러나 혼잡사고 방지를 위해서는 이벤트 기획단계에서부터 「안전대책 관점에서 행사장이 적정한지」를 평가할 필요가 있다.

이를 위해서는 이벤트 기획단계에서 주최측, 이벤트 기획자, 관련 전문가, 경비 전문가가 경험과 식견을 활용하여 검토가 이루어져야 할 것이다. 「안전대책 관점에서의 행사장 적정성 여부」에 관한 판단 없이는 이벤트에서 혼잡사고를 방지할 수 없을 것이다.

안전대책 관점에서 행사장 적정성평가

구분	참가자 수 예측에 관한 적정평가 요소	판단 요소
참가자 예측 평가	1. 참가자 수 예측 요소 2. 참가자 수 예측 수법 3. 참가자 수 경로별 · 참가수단별 예측	1. 정치적· 사회적· 경제적 요소 테러 등 이벤트의 방해 행동 판단 2. PR에 병행하는 참가의식 조사· RDD방식으로 조사· SNS로 조사 3. 철도 이용 · 자동차 이용 · 단체버스 이용 · 자전거 · 도보

구분	행사장 공간이용 계획 판단 요소	판단 요소
행사장 공간이용 계획 평가	1. 이벤트 성격 · 내용 · 형태 2. 행사장 내 레이아웃 3. 행사장 내 체류가능 인원 4. 방문자의 행사장 내 유동 5. 행사장 출입구와 접근경로의 연동성	1. 참가자 층 · 흥분도 · 이벤트 형태 · 방문자 동향 2. 출입 유동 분리 및 적절한 넓이 3. 적정 체류 가능 인원 및 유입 규제 4. 체류형 이벤트 배치, 행사장 간 유동 5. 이벤트 형태에 따른 접근경로와 출입구의 연동성

구분	행사장과 행사장 주변의 참가자 유동평가 요소	판단 요소
행사장과 행사장주변의 방문자 유동평가	1. 행사장과 그 주변의 참가자 전체 유동 2. 참가 경로별 · 참가 수단별 참가자 유동 평가 3. 방문자 유동 평가	1. 근처 역 등 각 지역에서 참가자 유동 예측 2. 경로 별 · 수단 별 유동 예측을 바탕으로 개별 장소 평가 3-1. 참가자 유동 상정력 3-2. 참가자 유동위험성 판단 능력 3-3. 적정 참가자 유동 수정 능력 경비 실시 기술력

구분	행사장 지형과 접근 경로의 구조 조건 관련 요소	판단 요소
행사장 지형과 접근경로의 구조 조건 평가	1. 행사장 지형이 폐쇄적인가 아닌가. 2. 행사장 접근경로의 군집 유동량 3. 행사장 접근경로의 구조 조건	1. 지형이 폐쇄적이어서 접근경로가 한정된 경우 2. 방문자수 예측과 행사장 체류 수를 근거로 한 접근 경로의 방문자 유동량 3. 접근 경로가 육교 · 터널 등 폐쇄적이어서 피난이 곤란한 경우 4. 고밀도 군집 체류 때문에 공포감을 고양시키는 경우

그림79. 안전대책 관점에서 행사장 적정성 평가 요소

참고문헌

(1) Masatoshi Kaitsuji, Akihiko Hokugo, Venue Suitability for Large-Scale Events from the Viewpoint of Safety Measures, Proceedings of Pedestrian and Evacuation Dynamics Symposium, June, 2012.

(2) 貝辻正利, 雑踏事故要因である大規模イベントでの高密度群集滞留の発生防止に関する研究, 神戸大学博士論文,2012

(3) イベント学会2011年研究助成研究結果報告
http//eventlogy.org/5/index.html

(4) ㈱ジャパンメンテナンス, 明石海峡世紀越えイベント実行委員会宛 「自主警備実施結果報告書」, 2001

(5) 明石海峡世紀越えイベント実行委員会, 「明石海峡世紀越えイベント実施計画」, 2000

(6) 明石市民夏まつり事故調査委員会, 「第32回明石市民夏まつりにおける花火大会事故調査報告書」, 2002

(7) Love Parade市政府報告書
http://www.mik.nrw.de/themen-aufgaben/schuz-sicherheit/gefahrenabwehr-feuerwehr-katastrophenschutz/grossveranstaltungen/loveparade-2010.html

제5편

안전을 지키기 위한 기본적 방법
- 귀중한 교훈을 실전에 활용하기 -

제 5 편

안전을 지키기 위한 기본적 방법

- 귀중한 교훈을 실전에 활용하기 -

제1편에서는 전도사고 등으로 인해 다수의 희생자가 따르는 혼잡사고 발생 메카니즘과 그 주요 원인인 고밀도군집체류의 위험성에 대해 밝혔다.

제2편에서는 「아카시 카운트다운 2001」 에서 발생한 혼잡사고 직전의 고밀도군집체류와 그 위기를 예측하지 못한 원인에 대해 밝혔다.

제3편에서는 제2편에서 밝힌 원인을 예측하는 방법과 그 효과가 입증된 이벤트 실시사례를 분석하였다.

제4편에서는 이벤트안전을 위해 기획단계에서 안전대책을 평가하는 방법에 대해 설명하였으며, 새롭게 「안전대책 관점에서 행사장의 적정성 평가」 에 대해 소개하였다.

본 편에서는 제1편에서 제4편까지 사례분석을 통해 밝힌 교훈, 경비실시에 필요한 군집유동의 특징, 혼잡사고로 이어질 가능성이 높은 고밀도군집체류에 대응하기 위한 안전대책 방법을 저자의 실전경험을 바탕으로 서술할 것이다. 또한 경험 및 감에 의존한 방법에서 벗어나 과학적인 안전대책 방법 그리고 혼잡사고 방지를 위한 전문분야 검토와 관련하여 설명하고자 한다.

1. 고밀도군집체류에 대응하기 위한 안전대책의 기본적인 방법
2. 경비 본부 조직 및 기능
3. 경찰·소방 기관과의 연계 방법
4. 주최자와 이벤트 기획회사의 올바른 경비관리 및 과학적 경비

제1장 고밀도군집체류에 대응하기 위한 안전대책의 기본적인 방법

전도사고 등 혼잡사고 발생 메카니즘을 분석한 결과 불규칙하고 무질서한 군집체류 상태에서 군집이 더욱 누적되어 고밀도화·고압력화 상태에 도달하면 고밀도군집체류로 확대됨을 확인할 수 있었다.

그리고 고밀도군집체류 상태에서는 개인의 의사와는 관계없이 군집 내 밀도 및 압력분포 차이 때문에 군집파동현상이 발생한다. 또한 군집밀도가 더욱 높아지면 밀도 및 압력 변화와 함께 개인 및 군집의 위기회피 행동이 발생한다. 때문에 복잡한 한계군집파동 현상(패닉 현상)이 일어나고 이에 따라 밀도 및 압력이 증폭되어 혼잡사고로 이어질 가능성이 높아지는 것이 밝혀졌다.

고밀도군집체류가 발생하면 그 압력을 견딜 수 있는 경비력과 경비 방법에 한계가 생긴다. 그 결과 고밀도군집체류 해소 및 군집유도가 상당히 어려워진다. 따라서 가장 효과적인 안전대책은 이벤트 기획단계, 경비계획 책정단계에서 군집체류를 예측하고 그 방지대책을 마련하는 것이다. 그리고 이벤트 개최 시에 군집유동 관련 정보 수집 및 분석을 바탕으로 하여 조기에 경비 조치를 취해 군집체류 발생을 방지해야 한다. 추가로 군집체류가 발생한 경우에는 조속히 해소할 필요가 있다.

또한 부득이하게 군집을 체류시키는 경우에는 체류 장소 확보 및 체류 군집진행과 관련된 군집유동량 및 군집심리를 고려하여 홍보활동을 하는 등 적절한 유도 방법을 확립해야 한다.

다수의 희생자가 따른 혼잡사고 그리고 혼잡사고 직전의 고밀도 군집체류가 발생한 사례를 분석한 결과 혼잡사고로 이어질 가능성이 높은 고밀도 군집체류에 대응하기 위해 다음의 기본적인 방법을 도출해 낼 수 있었다.

1. 위기의식과 이벤트 관계 정보 공유

(1) 위기의식 양성 및 위기인식 공유

이벤트는 사람이 만들고 실시하는 것이므로 혼잡사고는 인재(人災)라고 할 수 있다. 따라서 이벤트 기획단계 및 경비진단 과정에서 치밀하게 검토해야만 혼잡사고를 방지할 수 있다. 주최자 · 이벤트 프로듀서 · 경비회사 · 경찰 · 소방 기관 그리고 그 외 관계기관 등 이벤트 관계자 전원이 안전에 대한 책임을 자각해야만 한다.

혼잡사고가 발생하면 일반적으로 이벤트 관계자의 위기의식 부족 및 경비조치가 지적을 받는다.

혼잡사고 발생 가능성에 대한 위기의식은 구체적인 위험인식이 없으면 생기지 않는다. 「무엇이 어떻게 위험한 것인가?」 안전대책에서 「어떠한 상태에서 어떠한 시기에 어떠한 경비조치를 취해야 하는가?」를 구체적으로 인식함으로써 의기의식이 양성되는 것이다.

구체적으로 말하자면 우선 제1편부터 제4편에서 서술한 사항에 대해서 상세히 검토해야 한다. 군집체류의 발생 및 확대경과 및 고밀도 군집체류 상황에서 발생하는 군집현상이 혼잡사고로까지 이어지는 메카니즘을 자세히 알아야 한다. 그리고 이벤트에서는 언제나 혼잡사고 발생 위험이 잠재되어 있음을 인식하고 있어야 한다. 마지막으로 이벤트 관계자 간의 「이벤트 관계 정보 및 위험인식을 공유」 가 중요하다.

(2) 주최자의 안전책임 소재 및 정보 공유

이벤트를 개최할 때 수익자에게 책임이 있다는 입장에서 생각한다면 안전대책은 주최자에게 제 1차 책임이 있다. 그 중에서도 지방자치단체가 개최하는 이벤트는 지자체 · 재계(財界)단체 등이 참가하여 실행위원회를 조직해 이벤트를 실시하는 경우가 많다. 이 경우 실행위원회 내에 이벤트 개최와 관련된 추진 조직이 불명확하고 안전대책을 비롯한 책임 소재가 불분명한 상황이 많이 목격된다.

주최자(실행위원회)의 책임소재를 명확히 하여 이벤트 관계자가 필요한 정보를 공유하기 위해서는 우선 이벤트 개최 관련 책임소재를 구분하여 명시한 조직을 실행위원회 내에 편성해야한다. 그리고 실행위원회에 참가하는 단체 전체에서 이벤트 운영 방식 및 안전대책에 관한 인식을 공유해야 한다. 이러한 방식이 정보공유 시 가장 효과저이다.

2. 실제 방문자 수 파악

(1) 실제 방문자 수 파악 시 필요사항

1) 행사장 내 실제 방문자 수와 유동 실태 파악

이벤트 형태에 따라 다르지만 행사장 출입구의 입·퇴장 실제 인원수 파악은 행사장 내 적정 체류 가능 인원수와 중요한 관계가 있다. 그 중에서도 장시간 동안 개최되는 이벤트는 행사장 내 체류가 한계에 도달할 위험이 있는 경우 방문자 유도선에서 입장을 통제할 필요가 있다.

또한 행사장 내 유동 계획은 행사장 출입구 유동을 고려하여 계획해야 한다.

2) 방문 수단별·경로별 유동실태 파악

유도계획에서는 방문자 수단별·경로별 예측값을 근거로 각각의 위험성을 도출하여 안전대책을 수립하게 된다. 따라서 각각의 유동실태를 파악하여 위험성을 조기에 판단해 유도계획에서 미리 정한 조치를 취할 필요가 있다.

3) 교통기관 이용실태 파악

교통기관 이용실태를 파악함으로써 방문자 경로 및 행사장으로 오는 유동경향을 분석할 수 있다. 분석한 결과를 토대로 분단 및 우회 조치 등 필요한 조치를 조기에 취할 수 있다.

4) 구조조건 및 경로 중 위험이 예상되는 장소별 통행실태 파악

다리나 터널 등 군집체류가 발생할 가능성이 있는 장소별로 통행실태를 파악함으로써 우회조치 등과 같은 유도조치를 취할 수 있다. 또한 방문경로 상 교차로 및 철도 건널목 등 위험이 예상되는 장소의 통행실태를 파악함으로써 조기에 안전조치를 실시할 수 있다.

(2) 방문자 실태파악 방법

1) 감시 카메라와 인원계측 장치

행사장과 그 주변의 방문자 유동을 상정할 때에는 위험성이 있는 장소별로 통행상황을 운영본부가 실시간으로 파악하면 조기에 안전조치 적용여부를 판단할 수 있다. 방법으로는 감시 카메라, 인원계측 장치, 계수 요원 배치 등이 있다.

단, 감시 카메라는 높은 곳에서 영상을 촬영하기는 하나 비스듬한 각도에서 촬영하기 때문에 밀도 등의 파악에는 적합하지 않다. 또한 비명 소리나 혼잡 등 방문자 분위기를 파악할 수 없다는 점도 주의해야 한다. 감시 카메라의 결점을 보완하기 위해서는 감시 카메라와 함께 통행 실태를 정확하게 촬영하는 계측기를 병용해야 한다. 또한 인원계측 장치는 터널이나 다리 등 피난경로가 없고 통행가능 인원수가 한정되어 실제 방문자 수 파악이 중요한 장소와 위험성이 높아 방문자 경향 판단이 필요한 장소에서 주요하다.

3. 고밀도군집체류에 대응하기 위한 안전대책

제3편에서 분석한 바와 같이 고밀도군집체류의 발생을 예측하는 방법은 방문자 예측을 바탕으로 방문 경로별·방문 수단별 예측과 구체적 장소별 고밀도 군집체류 발생 가능성을 검토함으로써 이루어진다.

그리고 고밀도 군집체류 발생이 예상되는 장소별로 군집유도대책을 책정하는 것이 군집체류 방지의 기본이 된다.

그러나 이벤트 행사장 및 그 주변에서는 언제나 예상 밖의 군집유동이 발생하여 예상하지 못한 장소에서 군집체류가 발생하는 경우가 있다.

이렇듯 이벤트 경비는 사전의 군집유도 계획과 이벤트 현장에서 예상하지 못한 군집체류에 대응할 필요가 있다. 고밀도 군집체류에 대응하기 위한 안전조치의 기본적인 방법은 다음과 같다.

(1) 경비본부 지시를 바탕으로 적절한 경비조치를 신속하게 실시

고밀도 군집체류 상황에서 발생하는 군집현상을 분석하면 알 수 있듯이 고밀도 군집체류 상황에서 군집파동현상이 발생한 이후 경비조치를 취하는 것은 군집밀도 및 압력 크기와 경비력 사이에 관계를 볼 때 상당히 어렵다.

따라서 군집체류 방지 그리고 체류가 발생했을 경우 조기에 해소할 수 있도록 경비조치를 취하는 것이야 말로 혼잡사고를 방지하는 기본방법이다.

이를 위해서는 경비본부가 군집유동 정보수집 및 군집유동 경향을 분석하여 적절한 시기에 조속히 경비조치 판단을 해야 한다. 이것이야 말로 안전대책의 생명선이라 할 수 있다. 이 사항의 중요성은 아카시 카운트다운 2001의 긴급 경비 조치 그리고 제32회 아카시 시민 여름 축제 분석 결과를 통해 확실히 알 수 있다.

(2) 군집의 교착대향류의 분산조치

아사기리 육교 혼잡사고, Love Parade 혼잡사고 사례를 통해 밝혀졌듯이 대규모 이벤트의 혼잡사고는 폐쇄적인 행사장과 폐쇄적인 접근경로에서 발생하게 된다.

그 이유는 유출군집과 유입군집이 분류되지 않고 부딪혀 섞이기 때문이다. 특히 섞이면서 전면 충돌하기 때문에 군집이 급격히 고밀도화 된다. 따라서 조속히 경비 조치를 실시하지 않으면 고밀도 군집체류를 해소하기 어려워진다.

대규모 이벤트의 계획 단계 중 군집의 유도계획 단계에서 유입군집의 흐름과 유출군집 흐름을 나누어 분산시키는 방식을 취할 필요가 있다. 또한 예상 밖의 군집체류를 위한 경비조치에서도 동일한 방식으로 교착대향유동하는 군집을 분류하여 유도하는 조치를 취해야만 한다. 그렇지 않으면 군집체류를 해소할 수 없는 상황을 초래하게 된다.

(3) 군집유도 통제에 대한 기본적인 경비 조치 방법

이벤트 행사장의 군집유도대책 중 경비조치에 대해서 생각해 보면 한 장소의 통제조치가 붕괴되면 전체의 유도대책에 치명적인 영향을 미친다. 이 사실은 Love Parade에서 경찰통제가 붕괴된 것을 통해 확인된 바 있다.

군집의 밀도와 압력 간의 관계에서 밀도 13~15 명/㎡인 경우 압력은 진행방향으로 400kg/m정도가 예상된다.

이와 같은 압력값은 일정 규모 이상의 군집을 정지시키거나 방향을 전환시키는 등 경비통제를 함에 있어서 경찰관이나 경비원의 인력으로 제어하기에 한계가 있음을 나타내는 것이다.

효과적인 경비대책은 군집유도선의 폭을 가능한 한 좁게 설정하고 방문자가 다수 모이는 경우에는 군집의 진행방향을 분리하거나 일방통행을 실시하여 정면충돌 형태를 회피하는 군집유도를 실시하는 것이다.

또한 군집압력에 대응 가능한 경비조치로서 부득이하게 군집의 진행을 정지시키는 경우에는 항상 홍보조치가 선행되어야 한다. 홍보조치는 유입된 군집을 대상으로 한 곳에서만 실시하는 것이 아니라 후속군집에게 선행하여 실시하여야 한다. 그리고 열 후방에서 2단계, 3단계로 나누어 미리 분단화하여 정지조치를 취하는 것이 분단장소에서 군집이 누적되어 과밀화되는 것을 방지하게 된다. 이를 통해 과밀군집의 압력에 대응할 수 있게 되고 경비조치로서 효과적인 방법이다.

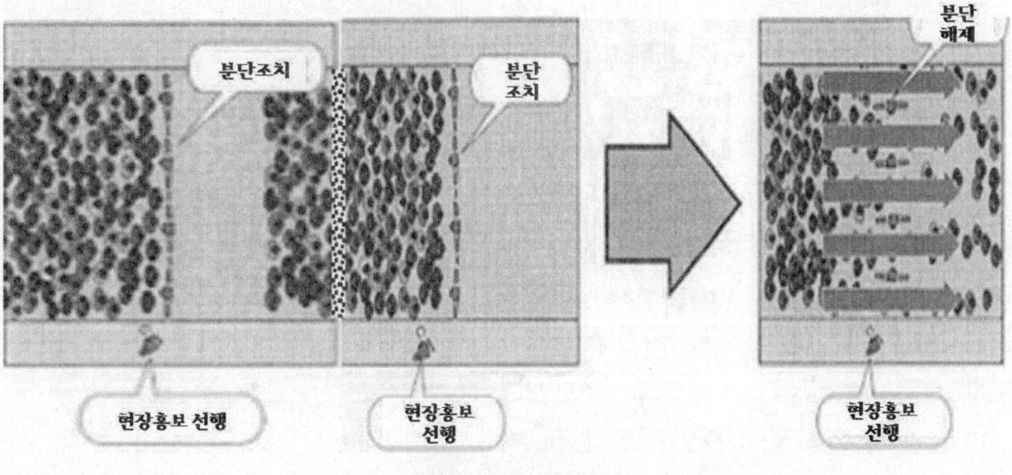

그림80. 2단계 분단

(4) 초고밀도 군집체류 완화 방법

아카시 시민 여름 축제에서 혼잡사고 직전에 경찰관을 사고 발생 장소에 투입했던 방법, Love Parade에서 군집 내에 차량을 투입시켜 사이렌을 울리는 조치는 군집의 공포심을 조장하는 등 복잡한 한계군집파동현상에 악조건을 부가하는 역할을 했다. 이와 같은 방식은 적절한 경비조치라 할 수 없다.

초고밀도 군집체류 상황에서 발생하는 한계군집파동현상의 원인은 밀도 및 압력 변동 그리고 군집의 불안감 및 공포심 때문에 발생하는 집단 및 개인의 위기회피 행동(패닉 현상)이다.

초고밀도 군집체류 상태를 완화하는 경비조치는 다음과 같다.

1) 경비 홍보활동

홍보활동(사전홍보 · 현장홍보 포함)은 이벤트 안전대책을 효과적이고 효율적으로 실시하기 위한 기본적인 방법이다.

제32회 아카시 시민 여름 축제, Love Parade 사례에서 알 수 있듯이 초고밀도 군집체류 상황에서 군집은 체류현장의 고밀도 및 비명 · 고함 소리 등 위기적 상황 때문에 개인이 취해야 될 행동방향성을 판단할 수 없게 된다. 따라서 불안감이나 공포심이 가중되어 집단 및 개인의 위기 회피 행동이 증폭되게 된다.

이러한 상황에 대응하기 위해서는 군집에게 상황을 정확하게 전달하여 행동요령을 알려주고 불안감을 완화시키는 경비 홍보활동이 필요하다.

특히 경비홍보는 군집이 체류하고 있는 사실을 모른 채 유입되는 후속 군집에게 상황전달 및 구체적인 행동요령을 전달할 수 있다.

집단의 불안심리를 진정시키기 위해서는 정확한 정보를 전달해야 한다. 때문에 계획단계에서 강력한 확성 장치의 확보와 설치장소의 검토, 휴대폰 등 정보제공 단말을 대비함으로서 군집에게 정확한 정보를 전달할 수 있는 수단을 확보해 두어야 한다. 이 방법은 넓은 범위의 집단 유도조치로서 효과적이다.

2) 군집의 지속적 집중방지조치

군집체류가 발생한 장소에 후속 군집이 계속 유입되지 않도록 진행방지 및 우회유도 조치를 취할 필요가 있다.

휴대전화 등 SNS 정보를 발신할 수 있는 단말기를 활용하면 행사장 주변과 인근 역 등에 위치한 군집을 원격으로 유도할 수 있다.

3) 군집체류 밀도 완화 방법

고밀도 군집체류가 발생하고 있는 상황에서는 군집파동현상이 발생한다. 군집체류 중심부부터 완화조치를 실시하게 되면 군집파동현상을 더욱 악화시키게 된다.

기본적인 조치 방법으로는 군집체류가 발생한 주변부터 우회조치, 유입방지 조치를 취하는 것이다. 그리고 특히 필요한 조치는 체류군집에게 행동요령이나 지시 등 확성장치를 통하여 정보를 전달하는 것이다.

(p177, 4. 혼잡사고 직전 고밀도 군집체류 상황에서 경비 조치 사례 참고)

4. 고밀도군집체류를 회피하는 기본적인 방법

혼잡사고 방지를 위한 기본적인 방법은 그 원인인 고밀도 군집체류 발생을 예측해서 조기에 체류 방지조치를 실시하는 것이다.

군집체류의 징조를 조기에 파악하여 해소할 수 있는 방법 중 하나로 일방통행의 실시가 있다.

경비계획에서 정한 경비조치에 따라 처음에는 군집 유도도로에서 양방향 통행을 실시한다고 해도 혼잡해지면 일방통행으로 변경할 수 있도록 계획해야 한다. 기본적인 방법은 다음과 같다.

(1) 경비계획 책정단계

1) 일방통행 변경기준 명확화 및 우회 유도 도로 설정

처음에는 군집유도를 양방향으로 하였으나 혼잡해 질 경우 일방통행으로 변경하는 계획을 책정하는 경우에는 일방통행 변경기준을 명확히 정해서 단위 시간 당 군집유동량을 확실하게 관리할 수 있어야 한다.

실무 상 상세한 기준은 다음과 같다.

① 단위 시간 당 군집의 통행량 기준은 일반적으로 보행할 때 큰 제약 없이 통행 가능하다고 여겨지는 밀도 3명/㎡를 기준으로 하고 보행속도가 극도로 느려지는 밀도 5명/㎡을 최대값으로 설정

② 기준값의 70%에 군집통행량이 도달한 경우 일방통행으로 변경작업 개시

③ 일방통행을 실시에 따라 일방통행 입구에서 체류하는 것을 방지하기 위해 명확한 유도대책을 수립. 양방향 유동인 경우 우회로 또는 유도 도로 설정을 명확히 할 것.

2) 주최자, 경찰과의 연계 협의

일방통행으로 유도방법을 변경하기 위해서는 경비계획 책정단계에서 주최자 및 경찰과 협의가 필요하다. 군집유동 관련 정보교환 및 공유 그리고 필요한 요원 및 경비 기자재 등 변경수단, 연계활동과 관련된 인식이 사전에 확인되어야 한다.

또한 이를 위해서는 자체 경비와 경찰 경비 활동 간 업무분담을 명확히 하여 확실한 연계체제를 확립해야 한다.

(2) 경비 실시단계에서 유도방법을 변경하는 기본적인 방법

1) 군집유동 관련 정보수집 및 군집유동 경향판단

일방통행으로 변경판단을 내릴 때 근거가 되는 군집유동, 근처 역 이용자 상황, 행사장 주변 방문 상황 등에 대한 정보를 파악해야 한다. 그리고 일방통행을 실시하는 장소별로 군집유동 경향을 판단하여 주최자 및 경찰과 연계활동을 실시해야 한다.

군집유동 경향판단은 군집체류가 발생하고 있는 장소나 발생 가능성이 있는 장소 주변의 지속 유입량을 분석하여 판단하는 것이다. 조속하게 경비조치를 실시하기 위해서 반드시 필요한 판단이다.

2) 경비 실시 현장의 기본절차

군집유동을 양방향에서 일방통행으로 변경하는 경우 다음과 같은 절차를 거치지 않을 경우 혼란과 급격한 군집체류가 발생하게 된다.

① 일방통행 실시에 필요한 경비 요원, 통제에 필요한 경비 기자재를 확인한다.

② 일방통행을 개시 할 때 유동통제는 여유를 가지고 통제홍보 및 경비 기자재를 활용하여 점진적으로 실시한다. 통제를 급격하게 실시하면 혼란을 초래하는 경우가 많다.

③ 일방통행을 실시하는 경우 우회유도와 대향유동에 필요한 조치를 우선 실시한다.

④ 일방통행 실시에 관한 정보를 군집에게 먼저 전달하여 실시한다.

예를 들면 제 32회 아카시 시민 여름 축제에서 혼잡사고 시 육교를 일방통행으로 전환했어야 했다는 지적도 있으나 경비계획에서 일방통행 실시기준이나 전환 방법 등을 정하지 않았으며 경비력도 부족해서 오히려 혼란을 가중시켜 사고원인이 될 위험도 있었다.

또한 처음부터 일방통행으로 했어야 했다는 지적도 있다 그러나 그렇게 하면 우회로 설정 가능성과 교통통제 방법, 유도선 설정 가능성 등 행사장의 적정성과 관련되어 선결과제가 발생하게 된다.

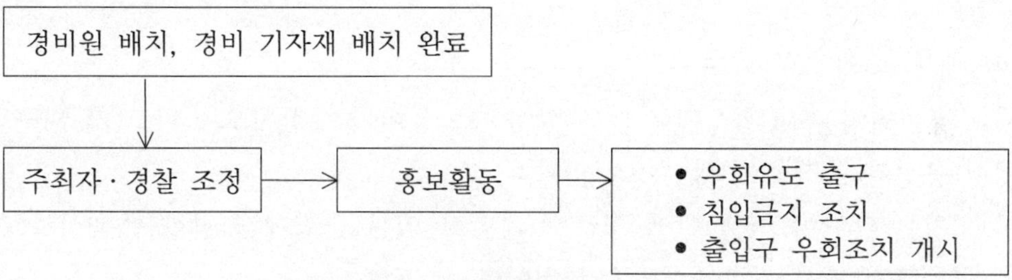

그림81. 일방통행 실시 순서

5. 혼잡사고 직전 고밀도 군집체류 상황에서 실시된 경비조치

2000년 12월 31일부터 2001년 1월 1일에 걸쳐 아카시 시내 오오쿠라 해안에서 카운트다운 2001이 개최되었다. 이 때 아카시 육교 혼잡사고 시와 동일한 장소인 아사기리 육교 남단 부근에서 혼잡사고 발생직전의 고밀도 군집체류(군집밀도 추정 10~12명/㎡)가 발생했다.

육교 남단과 육교의 계단 부근 일대에서 고밀도군집체류 해소를 위해 다음과 같은 긴급경비조치를 실시했다. 그 결과 약 20분 만에 고밀도 군집체류가 해소되어 혼잡사고를 방지할 수 있었다.

긴급경비조치에서 구체적으로 실시한 경비조치와 그 목적은 다음과 같다.

(1) 우회조치, 계단 및 육교 북단 진입금지 조치

육교를 이용하려고 하는 군집을 우회시키고 육교로 올라가는 계단 입구와 육교 북단에서 진입 금지 조치를 실시하였다.

이러한 조치는 육교 아래에서 계단으로 향하는 군집을 우회시킴으로써 군집이 누적되어 가중밀도 현상이 확대되는 것을 방지하기 위함이다.

(2) 육교 체류 군집을 육교 북쪽으로 유도조치

육교에 체류하고 있는 군집을 육교 북쪽에서 외부로 유도하는 조치를 실시하였다.

이 조치는 육교 위의 고밀도화 된 군집체류의 밀도를 완화시키는 조치다.

(3) 제복 경비원이 유도조치

제복 경비원이 휴대 확성기로 「역 방향으로 돌아가 주십시오.」라고 체류 군집근처에서 음성과 동작을 통해 유도하였다.

이 조치는 혼란이 극에 달에 공포로 치닫고 있는 군집에게 방향을 음성과 동작으로 명확하게 명시하는 군집유도 행위이다.

(4) 현장홍보조치

계단 및 계단 아래 부근의 체류군집에게 경비조치의 현재 상황과 협력을 구체적이고 명확하게 반복하여 고지하였다.

이 조치는 군집에게 동작 지침 등 불안 심리를 안정시키는 정보를 전달하는 조치이다.

(5) 현장 실정 및 평소의 연구

경험이 없는 담당자가 실제로 혼잡사고 직전의 혼잡상황을 직접 목격했을 때에는 잠깐 동안 패닉상태에 빠진다. 경찰 기동대 지휘관으로서 아수라장을 경험 해온 저자역시 한순간 머릿속이 새하얘졌었다.

그러나 「경험과 감」을 바탕으로 스스로 경비무선을 사용하고 대형 확성기를 이용하여 긴급경비조치를 지휘하고 관련 사항들을 정리하였다. 결과적으로 혼잡사고 발생을 회피할 수 있었던 원인은 평소의 연구 덕분이었다고 생각한다.

이벤트 안전대책의 성공여부는 경험과 노하우의 질과 양에 달려 있다. 단지 경험에서 그치지 않도록 사례에 대한 반성 및 검토를 통하여 지식(식견)으로까지 승화시키는 노력을 해야 한다. 그리고 종래의 관념을 뛰어넘는 위기가 발생할 가능성은 상존하므로 여기에 대비하기 위한 위기구상력(크라이시스 디자인)을 육성해야 된다는 것을 염두에 두고 평소에 연구노력을 기울여야 한다.

제2장 경비본부의 조직 및 기능

경비본부는 경비계획을 이벤트 현장에 적용·실천하여 변화무쌍한 군집유동에 대응하고 주최자 및 경찰·소방과 연계역할을 수행해야 한다. 또한 경비조치에 대한 적절성을 판단하며 경비원 운용 및 경비 기자재, 경비홍보를 지시하는 등 경비부대의 중심조직이기도 하다. 경비본부가 역량을 갖추는 것은 이벤트의 안전을 위해 중요하다.

아카시 육교 혼잡사고, 아카시 카운트다운 2001에서는 경비본부의 기능이 마비됐었다. 또한 Love Parade에서는 주최자와 현장 경찰 책임자 간에 연락이 45분이나 걸리는 등 이벤트 운영본부체제 및 경비본부의 기능이 충실하지 못했다.

경비본부의 주요 기능은 다음과 같다. 그리고 그 기능을 발휘하는 것이야말로 이벤트의 안전대책을 좌우한다는 것을 인식해야 할 것이다.

1. 실제 방문자 수 등의 정보 수집·분석 및 경비 조치 판단

고밀도 군집체류 위기를 회피하는 방법은

* 방문 수단별, 경로별 실태 파악
* 예측 방문자 수와의 오차를 확인하고 교통기관 등과 정보교환을 하여 방문자 유동경향을 분석
* 방문자 유동량에 따른 위험성을 판단
* 방문자 수가 불규칙하거나 무질서한 군집체류 방지 및 고밀도 군집체류 확대

금지가 기본적인 방법이다.

이를 위해서는 이벤트 진행에 따른 군집유동정보를 수집하고 분석하여 군집유동 경향을 판단해야 한다. 그리고 이를 바탕으로 적절한 시기에 경비조치가 취해져야 한다.

(1) 방문자 수 및 방문자 유동실태 파악

정보수집에서 중요한 점은 방문자 수와 방문자 유동실태의 파악 및 예측과 실제 사이의 괴리 유무의 판단이다. 방문 수단별, 경로별 예측을 바탕으로 방문자 유도 계획을 책정해야 한다. 그러나 예측은 어디까지나 예측이기에 항상 실제 방문자 실태와는 오차가 발생할 가능성이 있다.

이 괴리가 크고 위험이 발생할 우려가 있는 경우에는 조속히 다른 경로로 유도하거나 분단하는 등의 수정·보완을 통해 경비조치를 지원해야 한다.

경비본부는 이러한 사항을 사전에 인식하고 예측과 실태 간의 괴리를 조속히 파악해 교통기관 등과 연계하여 방문자 경향을 분석해야 한다. 그리고 이를 바탕으로 적절한 시기에 경비조치를 실시해야 한다.

(2) 이벤트 관계 정보수집 및 분석과 경비조치판단

경비조치판단은 이벤트의 진행상황 · 교통기관 이용정보 · 방문자 수 · 경비의 중요 지점의 통행상황 · 행사장 내 방문자 체류 및 유동상황 · 행사장 접근경로 유동상황 등 군집유동과 관계된 중요 정보를 수시로 수집 · 분석한 후에 이루어져야 한다. 그리고 군집체류 및 군집유동경향을 예측하여 조속하게 경비조치가 취해져야 한다.

가장 중요한 사항은 군집유동경향에 대한 판단이다. 기본적인 정보수집 방법은 이벤트의 진행상황을 파악하고 행사장 안과 그 주변 방문자 유동 상황정보를 수집하는 것이다. 다음으로 중요한 사항은 예상되는 위험장소에 대한 정보수집이다. 이를 통해 이벤트의 전체 상(像)을 이미지화 할 수 있도록 정보를 수집해야 한다.

현장에서 하는 보고는 정시보고, 수시보고, 긴급보고 등이 있는데 경비본부는 보고를 수동적으로 기다리지 말고 전체 이지미 중 불투명한 부분에서 적극적으로 정보를 수집하고자 하는 자세로 임해야 한다.

2. 경비본부의 위상 및 관계기관과의 연계 체제

(1) 경비본부의 위상 및 관계 기관과의 연계 체제

경비본부는 경비계획에서 정한 경비원 배치 및 경비홍보, 기자재 등 이벤트 진행과 관련된 사항에 대응하면서 운용된다. 또한 예상외의 군집유동이 발생하였을 때 위기관리 조치로서 어떠한 안전대책을 실시할 것인지 결정하는 자체경비조직의 중심부이기도 하다.

경비본부의 위상은 가장 현장중심적이고 효율적이어야 한다. 여기에 관계기관과의 연계체제까지 고려하여 위상을 도식화하면 그림82과 같이 나타낼 수 있다.

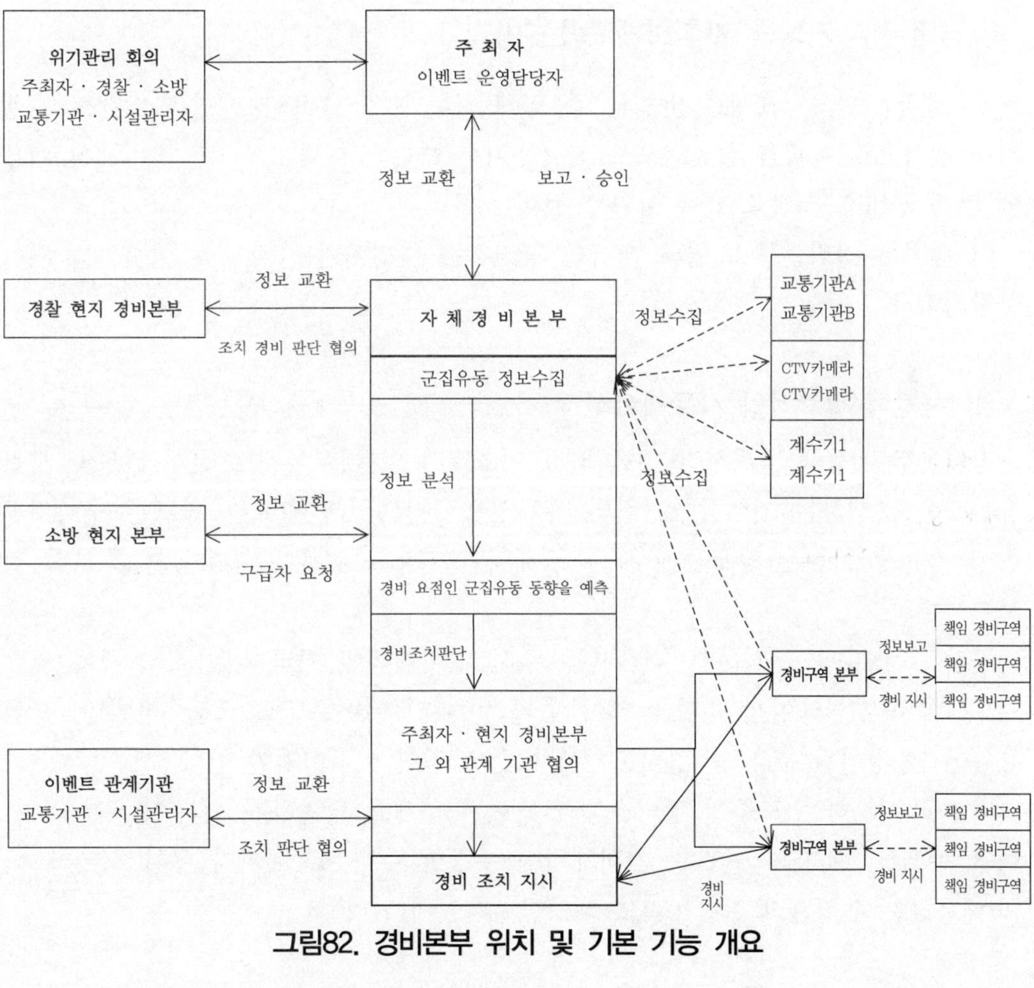

그림82. 경비본부 위치 및 기본 기능 개요

(2) 위기관리 회의의 기능 및 활동의 기본

혼잡사고 및 그 외 사고발생이나 갑작스런 호우 등으로 인해 이벤트 진행의 중지·중단여부에 대한 판단은 주최자가 책임자로서 진행하는 「위기관리 회의」(가칭)에서 결정된다.

위기관리 회의활동의 기본적인 방법은 우선 주최자가 판단해야 할 내용과 그 근거자료를 각 구성단체와 공유하는 것이다. 그리고 각 구성단체가 미리 계획한 위기관리 계획을 바탕으로 판단이 이루어져야 한다.

3. 경비본부 기능을 발휘하게 하는 방법

경비본부 기능을 제대로 발휘할 수 있게 하는 가장 중요한 방법은 이벤트 진행과 맞춰서 경비계획을 실전적으로 시뮬레이션 하는 것이다. 그리고 경비계획 내용에 맞게 경비원을 교육·훈련시키는 것이다.

이 방법은 경비본부 요원의 패닉을 방지하는 방법이기도 하므로 실시하는 것이 바람직하다.

(1) 사전에 실전적인 시뮬레이션 실시

경비본부 기능을 발휘하기 위한 가장 기초적인 업무는 이벤트 실시상황 및 군집유동성을 분석하는 것이다. 군집의 유동성을 분석할 때 필요한 정보는 군집체류발생 가능성이 높은 장소들에 대한 구체적인 정보와 후속 군집유동경향 분석 정보이다.

군집유동경향을 분석하기 위해서는 우선 경비계획에 따라 이벤트 진행에 맞춰 지도상에서 시뮬레이션 훈련을 해야 한다. 이어서 이벤트 정보요점, 타이밍, 군집유동예측, 경비원 운용 등 경비조치에 대한 확인이 이루어져야 한다.

훈련을 실시하는 도중에 경비유동과 관련된 과제를 발견하게 되는 경우가 많다. 이를 통해 그 과제와 관련된 경비계획을 수정할 수 있고 예기치 못한 상황에 대비·대응하는 위험관리 판단능력도 배양할 수 있게 된다.

구체적으로는 우선 방문자 체류 발생 가능성이 있는 장소별로 체류상황을 분석해야 한다. 그리고 그 체류가 후속 방문자 유입으로 인해 확대될 수 있으므로 근처 역에서 행사장으로의 진행상황 등 군집유동경향을 분석해야 한다. 이 분석을 통해 어느 시기에 어떤 조치를 취해 군집체류확대를 방지할 것인가에 대해 판단할 수 있게 된다.

이러한 시뮬레이션을 실시함으로써 이벤트 경비현장에서 예상치 못한 사고가 발생한 경우에도 경비본부 요원은 패닉에 빠지지 않고 냉정한 판단을 내릴 수가 있다. 그러나 이를 위해서는 평소부터 군집유동과 관련된 상정능력 및 위험성 판단능력 그리고 위험성 보정능력을 연구하여 경비본부 요원에게 필요한 교육·훈련을 실시해야 한다.

또한 경비계획 책정 시 관계기관과 협의하고 경비진단에서 현장을 진단한 담당자가 이벤트 경비 실시 시에는 경비본부 요원으로 참가하지 않고 별도로 지정한 담당자가 경비계획을 책정하는 경우를 볼 수가 있다.

이벤트 경비현장은 살아있는 현장으로 언제나 예상하지 못한 사안이 발생한다. 경비진단 단계에서 협의하였지만 제2안으로 밀려났던 조치를 경비조치판단에서 주최자·경찰·소방기관·그 외 이벤트 관계기관과 의견조율을 하며 다시 활용하는 경우가 많다. 이벤트 경비실시 중에도 경비본부요원은 경비계획 책정 담당자가 담당하는 것이 효율적이다.

(2) 경비계획을 바탕으로 교육·훈련

경비계획에서는 군집유도 상 필요한 장소 및 위험장소별로 필요최소한의 경비원 및 경비 기자재를 배치하게 된다.

그리고 경비본부의 판단을 바탕으로 군집유도 및 위험방지를 위해 필요한 지시를 내리고 운용한다.

배치된 경비원은 그 지시를 바탕으로 기자재를 활용하여 방문자 진행정지 및 유도변경 등의 조치를 실시하게 되는 것이다.

구체적 요령은 경비실시계획서나 경비실시요령에서 정한다. 구체적 요령에 대해서는 반드시 경비원에게 교육·훈련을 실시해야 한다. 또한 교육·훈련 시에는 경비본부요원과 함께 실시하는 것이 가장 효율적이다.

1) 주요 교육·훈련 사항

① **개별책무 설명 및 조직경비 관련 사항**

경비요원으로서 배치 된 장소별로 개인의 책무와 동일 장소에서 활용할 수 있는 경찰관 및 경비원 간의 연계 사항, 경비본부 지시를 바탕으로 업무를 실시하는 것과 관련하여 설명이 이루어져야 한다. 경우에 따라서는 실제 현장훈련으로 교육·훈련이 필요할 때도 있다.

② **무선통신 요령 관련 교육·훈련**

경비본부를 중심으로 한 조직적 경비를 실시하기 위해서는 무선관제 관련 교육·훈련이 반드시 필요하다. 이것은 조직경비 실시 상 중요한 사항이다.

경비본부가 이벤트 관련 정보분석 결과에 따라 필요한 안전조치를 판단하여 현장 경비원에게 지시할 때에는 휴대무선을 활용하는 것이 가장 효율적이다. 그 이유는 해당 경비원과 통화사항을 협력관계에 있는 경비원이 동시에 청취할 수 있으며 긴급 상황 발생 시 끼어들기 통화가 가능하고 복수의 경비원 및 경비 책임구역 담당자에게 동시에 송신 가능하기 때문이다. 또한 다수의 사람이 모이는 장소에서는 휴대전화 통신이 통화폭주로 연결되기 곤란한 상황에서도 유용하다.

무선통신을 하기 위해서는 경비본부가 무선 관제요령과 무선통화방식을 반드시 통일해야 한다. 특히 복수의 경비회사가 이벤트 경비에 종사하는 경우에는 반드시 해결해야 하는 과제이다. 무선통화 관제 및 요령은 긴급하게 대처해야만 하는 사안이 발생 했을 때 현장정보수집 및 경비판단을 신속하고 철저하게 지시하기 위한 중요한 항목이다.

(3) 경비본부의 기타 중요업무

1) 무선관제기록

경비본부가 정보분석 자료로서 활용할 목적으로 수집한 정보 및 현장에서 무선으로 지시했던 내용을 기록해야 한다. 무선관제 기록은 단순한 경비실시 기록이 아니다. 경비실시에 문제가 발생한 경우 증거자료로서 활용되는 경우도 있다.

아카시 카운트다운 2001에서는 무선관제기록을 작성하여 「0시 30분 육교 완전 클리어」 보고가 기록되어 있었기에 경비 검토에서 귀중한 자료가 되었다.

2) 경비실시 결과보고

해당 이벤트가 1회성이든 정기적 행사이든 관계없이 경비실시보고서는 정리해서 제출되어야 하는 서류이다.

특히 경비실시에서 경비대책과 관련된 문제가 발생한 경우 가능하다면 그 원인도 기재하여 보고서로 작성한다. 이벤트 경비는 경비실시 결과보고서를 제출함으로써 종료된다는 것을 명심해야 한다.

아카시 카운트다운 2001에서는 혼잡상황을 기재한 경비실시 결과보고서를 주최자인 실행위원회 사무국에 제출하였다. 이와 함께 혼잡사고 직전 고밀도 군집체류 발생 상황 및 경비조치에 대해서 구두로 보고하였다.

이벤트 경비 작업공정은 경비실시 결과보고서의 제출에 모든 것이 담겨 있다.

제3장 경찰 · 소방기관과 연계 활동

일본의 법 · 제도 하에서는 이벤트에서 경찰 · 소방 기관과 긴밀한 연계활동이 안전대책을 좌우하게 되므로 연계활동은 상당히 중요하다.

특히 대규모인 이벤트에서는 이벤트 기획 단계부터 군집유도 및 긴급구명대책과 관련된 전문적 지식이 축적된 경찰, 소방기관의 지도가 중요한 요소가 된다.

1. 경찰과 연계한 경비조치 판단 및 활동

일본의 법 · 제도 하에서는 법적 근거에 따라 경찰 및 주최자가 실시하는 자체경비 활동이 본질적으로 다르다.

그러나 이벤트 안전이라는 목적은 같기 때문에 밀접한 연계활동이 요구된다. 또한 연계활동은 조직기능을 최대한으로 발휘하기 위해서 중요한 부분이다.

그리고 이 중에서 특히 중요한 사항은 경찰의 현지 경비본부와 자체경비조직의 경비본부가 정보를 공유하고 위험장소를 공동으로 확인하여 이것을 바탕으로 적절한 경비조치판단을 수행하는 것이다. 또한 경비본부의 판단을 바탕으로 양 쪽 현장 책임자가 현장에서 실시하는 경비조치 역시 연계하여 이루어져야 한다.

구체적으로는 다음과 같다.

(1) 이벤트 관계 정보 게시 및 교환

연계활동을 할 때 중요한 사항은 이벤트 진행상황과 그에 대한 영상 또는 입수한 군집유동정보 등과 같은 관련 정보를 게시 및 공유해야 한다는 것이다. 이를 위해서는 복수의 연락수단 혹은 양쪽에 연락요원을 상호 배치하는 등의 연락방법을 사전에 확보해 두어야 한다.

(2) 업무분담의 명확화 및 연계활동

경비현장에서 활동하는 요원은 경찰관, 경비원, 안내유도요원이다. 이들 요원들은 각자의 활동에 대한 법적근거에 따라 활동내용 및 범위가 다르다. 그러나 이벤트 안전대책이라는 공통의 목적을 가지고 있으므로 연계하여 활동하는 것이 효율적이다.

따라서 안전대책 통합 협의 등 회의를 통해 상호의견을 조율하고 소통하는 것이 중요하다.

(3) 운영본부와 경비본부 간의 연계

긴밀하게 연계하기 위해서는 운영본부 레이아웃을 주최자 · 자체경비 본부 · 경찰 · 소방기관이 상호 실시간으로 연계될 수 있도록 하는 것이 중요하다.

실시간 정보교환 수단으로서 감시 카메라로 수집한 정보를 공유해야 하며 위기관리 대책으로서 행사 중지 혹은 중단 등 유사시 중요한 결정을 할 수 있는 조직이 필요하다. 그러므로 주최자 조직 내부에 의사결정조직을 설치할 수 있도록 경찰 등 관계 기관들과 검토할 필요가 있다.

아카시 카운트다운 2001 그리고 아카시 육교 혼잡사고에서는 자체경비 본부와 경찰 현지 경비본부 간에 정보교환 및 경비조치판단이 통일되지 못했다. 때문에 이 부분이 경비실시기록이나 재판의 쟁점이 되었다. 이러한 점을 볼 때 연계활동이 원활히 이루어지지 않았던 것으로 추정해 볼 수 있다.

또한 Love Parade 혼잡사고에서는 주최자와 경찰 간에 연락이 늦어지고 소방기관과 경비조치판단이 통일되지 않아서 정보 및 위험인식공유가 불가능했다는 지적이 많다. 연계활동은 이벤트의 안전을 위해 중요한 과제이다.

2. 소방기관과 연계활동

응급의료 전문가의 말에 따르면 통계상 1만 명 정도의 사람이 모이면 7~8명의 환자가 발생할 가능성이 있다고 한다. 이벤트 개최 시에는 소방기관과 연계하여 환자에게 적절한 응급의료서비스가 제공될 수 있도록 해야 한다.

이벤트 경비활동에서 구급 및 응급의료 활동의 목적은 Preventable Death(조기에 적절한 의료조치를 실시하면 죽지 않았다.)를 없애는 것이다.

이렇듯 이벤트 개최 현장에서 구급 및 응급의료 활동은 상당히 중요하다. 자체경비가 실시해야 하는 구체적인 활동방안은 다음과 같다.

(1) 119 구급 신고(通報) 통일

통신단말기기의 보급확대로 인해 이벤트 개최 현장에서는 1명의 환자발생 사안에 대해서도 복수의 119신고접수가 이루어지고 있는 실정이다.

경비원이 인지한 환자 발생 사안을 경비본부에 보고하여 일원적인 통보체제를 확립함으로서 적절한 구급 및 응급의료 활동을 실시할 수 있다.

이를 위해서는 경비원이 구급차를 우선적으로 유도하거나 구급대원과 환자를 도킹 유도해야 한다. 따라서 자체경비본부와 119종합방재센터 간에 연계가 필요하므로 경비계획 책정단계에서 면밀한 협의가 이루어져야 한다.

(2) 환자의 신속한 구급차 탑승조치

이벤트 현장에서의 구급 및 응급의료 활동은 다수의 방문자가 모여 있는 곳 안쪽에서 이루어진다. 따라서 구급차에 환자를 신속히 탑승시키기 위해서는 경비원이 환자와 구급차를 경비본부 지시에 따라 유도해야 한다.

(3) AED를 활용한 초동조치

환자를 신속히 구급차에 탑승시키는 것 외에도 상황에 따라서는 AED 사용법을 배운 경비원을 중심이 되어 AED를 활용함으로써 초동조치를 할 필요가 있다.

〈사례1〉 응급의료 포인트 설정(고베 루미나리에)

기본적으로 고베 루미나리에 거리에서 군집 안으로 구급차를 진입시키는 것은 군집심리 및 군집유도 상 곤란했으므로 가능한 한 회피하고자 하였다. 그 대신 군집 주변에 구급차에 환자를 인계할 수 있는 장소인 응급의료 포인트를 설정해서 경비원이 유도함으로써 신속한 인계가 이루어질 수 있게 조치하였다.

또한 주최자·자체 경비·경찰·소방이 협의한 결과 다수의 환자 발생을 상정해 응급의료구역을 설정하기로 하였다.

〈사례2〉 소방, 의료팀 연계 활동 사례(고베 루미나리에)

제5회 고베 루미나리에(1999년)에서는 고베 대학 대학원 의학부 의학 연구과 재해·구급 의학 분야의 담당 교수·의사·간호사 그룹·고베 시 소방국 구급 담당, 자체 경비본부가 연계하여 공동으로 현장 구급 및 응급의료 활동을 실시하였다.

구체적인 활동내용은 환자 신고접수를 받은 자체경비 본부가 일원적으로 119에 신고를 하고 일원화된 신고접수 절차에 따라 119종합방재센터에서는 복수의 신고접수를 정리할 수 있게 되었다.

혼잡한 군집 속으로 구급차를 진입시키는 것은 군집심리 상 불리하였으므로 사전에 협의한 응급의료 포인트를 경비본부가 지정하여 구급차를 유도하였다.

현장에 파견된 의사의 판단에 따라 경비원이 환자를 구급포인트로 유도하여 구급차에 환자를 신속히 인계하였고 의사가 구급차 요청 판단, 경비본부가 구급 요청, 구급차의 유도는 경비원이 실시했다. 이 결과 현장 응급의료 활동이 신속하고 효과적으로 이루어졌다는 평가를 받았다.

제4장 적절한 이벤트 경비관리와 과학적인 경비방법

이벤트 안전대책을 경비회사에게 위탁하는 경우에는 위탁한 안전대책을 적절히 관리하기 위해 많은 과제를 수행해야 한다.

이벤트 계획단계에서 면밀하게 검토했다 하더라도 이벤트 경비 실시단계에서는 군집유동 인원 등과 관련하여 경험과 감에 의존하는 방법이 적용되고 있는 것이 현 실정이다.

본 장에서는 이러한 현 실정을 극복하기 위해 적절한 경비관리와 과학적인 경비방법에 대하여 서술하고자 한다.

1. 적절한 경비 관리

일본 법제도 하에서는 주최자와 경비업무까지 포함하여 위탁을 받은 이벤트 기획회사가 이벤트 개최의 제1차 책임자이다.

그러나 이벤트 경비는 독자적인 전문분야로서 이벤트 경비안전대책의 모든 요소를 주최자나 이벤트 기획회사가 실시하는 것은 쉽지 않다. 따라서 안전대책을 경비업자에게 위탁하는 것이다. 그러므로 이벤트 안전확보를 위해서는 주최업무와 경비업무를 모두 수탁하게 되는 이벤트 기획회사가 적절한 경비관리를 할 수 있어야 한다.

(1) 일본에서 주최자 등의 경비관리 실태

주최자의 경비관리 실태는 다음과 같다. 우선 주최자 또는 이벤트 기획회사 담당자의 경비지식으로 경비 매뉴얼을 작성하여 그것을 경비업자에게 보여주며 실시하는 경우가 있다. 그리고 용역대금을 중시하여 경비계획 책정능력을 검증하지

않은 채 이른바 "일괄하청(丸投げ, 차익금을 벌 목적으로 수주한 일거리를 전부 동(同) 업종의 타사에 위양하는 일)"형식으로 위탁을 하고 있는 업체들이 있는 것이 현 상황이다.

또한 중요한 사항인 방문자 유동관련 업무도 "정리요원"이라 칭하는 경비원 자격이 없는 아르바이트 요원에게 위탁하는 경우도 많이 볼 수 있는 것이 현 상황이다.

가장 문제가 되는 방식은 주최업무와 경비업무를 모두 위탁받은 이벤트 기획자가 이벤트를 기획하고 이를 바탕으로 경비원 배치 등의 아웃라인이나 구체적 사항을 기재하여 경비회사에 위탁하는 방식이다.

(2) 적절한 경비관리 방법

1) 경비업 법과 컴플라이언스 관련 고찰

각 기업에서 컴플라이언스와 관련해서는 상당히 관심이 많다. 그러나 이벤트 안전대책과 관련해서는 경비업 법 그 중에서도 주최자 등과 관련된 경비업 법 개정에 대한 관심은 그리 높지 않은 상황이다.

주최자 또는 이벤트 기획회사 담당자에게 경비업 법 개정 및 경찰청 통보 등의 관련 내용에 대해 철저히 인식시키고 연수를 시키는 등의 책임은 선임 경비업 지도 교육 책임자에게 있다. 매우 중요한 사항이기에 교육 책임자의 역할에 기대해 본다.

경비업자를 선정할 때에는 용역대금 뿐만 아니라 담당자 책임자의 이벤트 경비 관련 노하우 및 실적도 고려하는 것이 바람직하다.

2) 아르바이트 요원(정리 · 유도 요원) 활용 관련 고찰

경비원은 경비업법 상 경비회사의 경비원 교육의무가 부과되어있다. 한편 정리요원이라 칭하는 아리바이트 요원은 어떠한 교육의무도 없는 것이 현재 상황이다.

국제적인 경기 대회에서 수하물 검사를 할 때 아르바이트 요원이 자기가 직접 방문자의 가방을 열어 손을 넣는 상황이나 교차로에서 이벤트 방문자 정리를 할 때 로프를 든 아르바이트 요원이 정리를 하고 있는 상황을 볼 수 있다.

이것은 이벤트 안전을 위한 위기의식 및 책임관점에서 볼 때 논의할 가치도 없는 방법이다. 방문자 유도 관련 업무는 경비업무이므로 경비원이 아닌 정리요원이

하는 것은 일종의 위법행위라도 해도 과언이 아니다.

3) 이벤트 기획 단계에서부터 경비대책 검토

제4장의 '안전대책 관점에서의 행사장 적정성 평가'에서 서술한 바와 같이 안전대책은 이벤트 기획을 완료하고 나서 검토하는 대책이 아니다. 이벤트 기획단계에서부터 경비 전문 분야 담당자가 계획에 참여하여 안전대책을 검토해야 한다. 그 이유는 경비 전문 분야에 대한 노하우를 활용하는 것이 안전대책을 확립하기 위해 필요하기 때문이다. 이벤트 기획단계에서 경비대책을 검토하는 것에 대한 중요성은 아카시 육교 혼잡사고 고베 지방 재판소의 판결을 통해 확인할 수 있으므로 참고하기 바란다.

2. 경비기기 시스템을 활용한 과학적인 경비 방법

이벤트 안전대책의 확립을 위해서는 안전대책 관점에서 행사장의 적정성을 검토해야 하며 군집유동 관련 학술이론을 활용하여 안전진단을 하고 그것을 바탕으로 안전대책을 책정하여 경비계획에서 활용해야 한다는 것은 이미 서술한 바 있다.

이벤트 경비실시현장에서 중요한 사항은 이벤트 경비현장에서 구체적인 실제 군집유동 수를 파악하는 것이라는데 이론은 없을 것이다.

티켓이 필요 없는 자유 참가 이벤트 현장에서는 운영 담당자 및 경비원의 「경험과 감」에 의존하는 경우가 많은 것이 현 실정이다. 과학적인 경비 진단을 통해 수치를 정확하게 파악하려고 하지 않는다.

혼잡사고를 방지하기 위해서는 경험과 감에 의존하는 방법에서 탈피하여야 하며, 행사장의 적정성 판단 및 과학적인 경비 진단을 바탕으로 경비계획을 확실하게 실시할 수 있도록 과학적인 방법을 활용해야 한다.

(1) 경비용 기기를 활용한 경비 유동실태 파악

경비계획에서는 행사장 접근경로의 통행가능인원의 산정과 행사장 내 상한 인원수에 따라 접근경로 유입제한 등의 안전대책을 책정하게 된다. 이것은 이벤트 실시

현장에서 실제 군집유동 수를 확실하게 파악할 수 있다는 것을 전제로 한 것이다.

필자 혼자 경비 총 책임자를 맡은 카운트다운 및 고베 루미나리에에서는 아래의 방법으로 실제 방문자 계수를 계측하였다. 이처럼 과학적인 경비진단을 바탕으로 경비계획을 실천할 수 있어야 한다. 경비 실시방법과는 거리가 먼 경험과 감에 의존하는 방법은 개선이 필요하다.

이 방법의 근본적인 목적은 방문자를 정확하게 파악하는 것이다. 경비계획을 적용하기 위해서는 실제 군집유동 수를 정확하게 파악할 필요가 있다.

이동이 가능한 군집유동 계측기 시스템으로 군집유동을 정확하게 파악하여 이 정보를 활용한 예시를 보여주도록 하겠다.

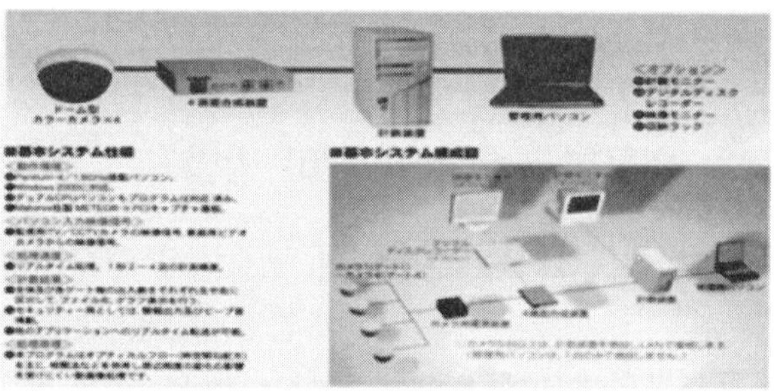

군집계측 기본 장치 도면

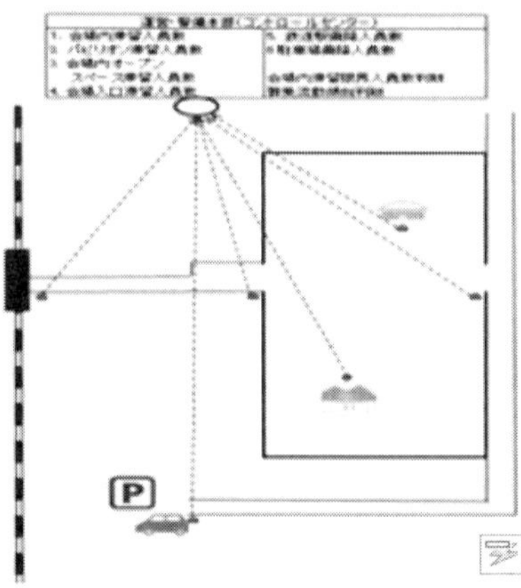

정보표시 예

① 행사장·건물 출입 계수
② 대기열·대기 시간 표시
③ 군집유동 경향 표시
④ 필요한 사항 표시

군집계측 장치 전개 예시

그림83. 계측장치 기본 및 전개도

(2) 소셜 네트워크 서비스를 활용한 안전 대책

트위터나 페이스북 등 제 4의 미디어라 불리는 SNS 발달에 따라 SNS활용은 이젠 이벤트 안전대책에서 빼 놓을 수 없는 방법이 되었다.

예를 들면 이벤트 홍보, 현장통제, 경로 등의 모든 주의사항을 전달할 수 있는 경로로 활용된다. 또한 이벤트 개최 시 혼잡정보 등의 정보를 전달하는 방법으로도 활용할 수가 있다. SNS의 활용으로 이벤트 개최 시에 방문자의 판단으로 우회경로를 선택하게 할 수 있는 등 방문자를 원격에서 유도할 수 있게 된 것이다.

군집체류 및 고밀도화 방지를 위한 최선의 방법은 군집체류 장소에서 실시하는 조치와 함께 방문 거점 역 등 원격에서 유도하는 방법이다.

이렇듯 군집체류 상황을 파악하여 조기에 군집체류 조짐이 있는 군집유동 경향을 분석해서 적절한 경비조치 및 경비원 운용을 하기 위해서는 소셜 네트워크를 활용하는 과학적인 방법이 필요하다.

수송업무기록에 따르면 아이치 국제박람회에서는 JR 및 지하철 환승역의 혼잡을 완화하기 위해서 역의 혼잡 상황에 대한 영상을 실시간으로 나고야 역에 송신하였다. 그 결과 약 20분 만에 효과가 나타났다. 또한 고속도로나 일반도로 정보를 전광판에 게시하여 제공함으로써 교통 혼잡을 완화하려는 시도도 효과가 인정되고 있다고 보고되고 있으니 참고하기 바란다.

제5장 혼잡사고 발생 시의 기본적인 대응

혼잡사고가 발생한 경우 기본적인 대응대책은 부상자 등을 구조하는 활동과 2차사고 발생방지 대책이다.

혼잡사고 발생 시 대응책에 필요한 사항은 실태파악을 위해 정보를 수집하는 것과 전체가 통일된 활동을 하는 것이다.

이벤트 주최자는 이벤트 운영자 · 경비 관계자 · 경찰 · 소방기관 · 시설관리자 및 교통기관 관계자 등의 협력을 얻어 이러한 활동들을 총괄해야 한다.

1. 위기관리 계획 책정

혼잡사고가 발생한 경우, 현장과 운영본부가 사고실태를 파악하기 곤란하고 혼잡한 상황 속에서 구조 장소의 설정과 구급차 유도 등의 구조 활동 또한 힘들다. 결과적으로 Preventable Death(조기에 적절한 의료 조치를 실시했으면 죽지 않았다.)를 적절히 시행하지 못했다는 비판을 받게 된다.

(1) 위기관리 계획에서 정해야 하는 기본적인 사항

이러한 상황에 대응하기 위해서 혼잡사고가 발생한 경우를 대비해 「위기관리 계획」을 책정해 두는 것이다. 위기관리 대책은 효율적인 활동을 위한 기본적인 대책이다.

위기관리 계획은 이벤트 운영 조직에서 정한대로 「위기관리 회의」(P181 그림 82 참고)를 조직하여 이벤트 운영 관련 각 조직들을 총괄·조정하는 것이다. 이렇게 하는 것이 가장 효과적이다.

(2) 조직 구성

이벤트 주최자·이벤트 운영담당자·경찰 및 자체경비 등 경비담당자·소방기관 담당자·시설관리담당자·홍보담당자·교통기관 담당자·그 외 관계자

(3) 정보 수집 및 집약 방법

이벤트와 관련된 각 조직이 조직별로 분담하고 있는 업무에 따라 정보를 위기관리 회의에 보고한다. 위기관리 회의는 정보를 취합하여 분석하고 각 조직이 어떻게 조치할지 판단하여 실시하도록 지시한다. 그리고 실시결과를 보고 받은 후 다음 대책을 결정·지시하는 방식을 확립하는 것이다. 이것이 정보수집 및 집약방법의 기본이다.

(4) 기본적인 업무분담

조직적인 활동을 위해서는

* 구조 활동 담당(임시 응급의료소 설정을 포함)

* 구급차 유도 담당

* 의료기관 연락 담당

* 2차사고 발생 방지 대책 담당

* 매스컴 담당

등의 기본적인 활동분야를 사전에 결정해 두는 것이 구조활동 및 2차사고 방지 활동을 효율적으로 할 수 있는 방법이다.

(5) 위기관리 회의 조직 예

위기관리 회의 구성 요원은 운영본부에서 활동하는 주최자 및 그 외 전문분야를 총괄하는 책임자로 구성하여 주최자의 명령과 지시에 따라 활동을 개시한다.

위기관리 회의 조직의 예는 다음과 같다.

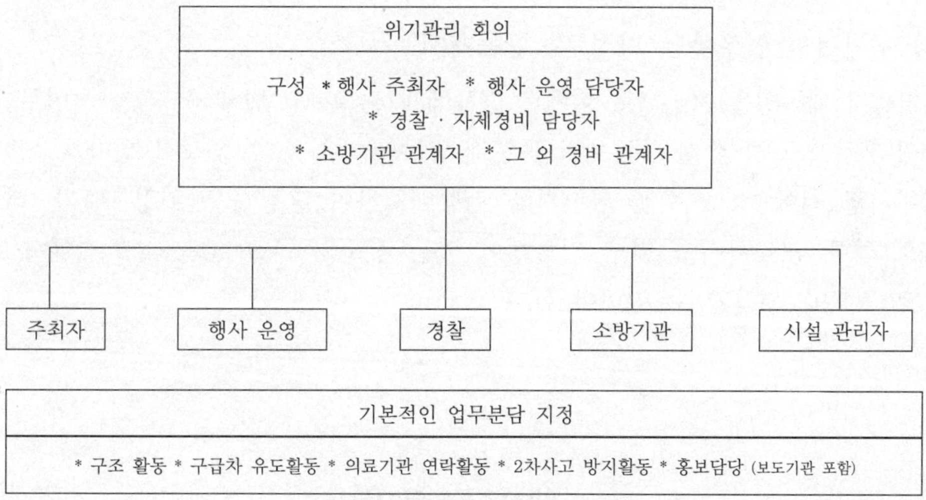

그림84. 위기관리 회의 조직

2. 기본적인 활동 요령

과거 혼잡사고 사례를 분석한 결과 혼잡사고가 발생한 경우의 구체적인 활동 요령은 다음과 같다.

(1) 혼잡사고 발생 인지 방안

혼잡사고 발생을 조기에 인지하는 것이 혼잡사고 대응을 위한 기본적인 활동의 시작점이자 초동조치이다.

현장 담당자의 기억에만 의존해서는 안 된다. 경찰·소방이 보낸 긴급 속보를 수신하고 SNS를 확인하는 등 모든 방법을 사용하여 제1보고를 인지 가능한 정보 수집체제로 정비해야 한다.

(2) 위기관리 회의 소집

이벤트 주최자는 혼잡사고 발생을 인지한 즉시 위기관리 회의를 소집해야 한다. 이를 위해서는 이벤트 관계 단체 책임자가 운영본부 등 각 단체와 같은 장소에서 업무를 하는 형식으로 레이아웃을 구성해야 한다.

(3) 구체적인 임무분담 지정 및 활동개시

위기관리 매뉴얼을 기본으로 이벤트 단체에게 혼잡사고 발생 시 각자의 업무를 지정하여 혼잡사고 발생 시에 구체적인 긴급 업무를 개시할 수 있도록 한다.

업무지정 시에 정보 수집 담당자를 전담배치하여 혼잡사고 현장·다리·터널·지하도 입구 등 2차사고 발생 가능성이 있는 장소와 주요 교통기관 역에서 효율적으로 정보를 수집할 수 있어야 한다.

제6장 정리

사례 분석을 통해 알 수 있는 교훈 및 군집유동 관련 이론 그리고 저자의 이벤트 경비 실전 경험을 바탕으로 고밀도 군집체류에 대응하기 위한 안전대책, 적절한 경비관리, 과학적인 방법의 적용에 대한 제안은 다음과 같다.

이벤트 안전을 위한 기본적인 방법

고밀도 군집체류에 대응하는 기본적 방법

1. 위기의식과 이벤트 관계 정보의 공유 ~ 제1장1
   행사장이 적절한지 구체적으로 검토하며 위기의식이 형성된다.
2. 고밀도 군집체류에 대응하기 위한 기본적인 안전 대책
   * 적절한 경비 조치를 신속하게 실시 * 양방향 진행 흐름을 분류 조치
   * 군집압력을 고려하여 규제조치 * 군집유동 완화조치 방법
3. 고밀도 군집체류를 회피하는 기본적인 방법 ~ 제1장3
   경비계획 책정 · 경비실시 단계에서의 기본적 방법
4. 혼잡사고 직전 사고 회피 사례
   아카시 카운트다운 2001에서 긴급 경비 조치 사례

경비 본부 조직과 기능

1. 정보수집 · 분석 및 경비조치 판단 ~ 제2장1
   군집체류발생 가능성 있는 장소 별 유동정보 수집 · 분석 및 판단
2. 경비본부 위치 및 기본적 기능 ~ 제2장1
   경비본부는 경비조직 중 핵심이며 주최자 · 경찰 등과 연락을 조정하는 기관이다.
3. 경비본부의 기능을 발휘하는 방법 ~ 제2장 2
   사전 경비 계획을 바탕으로 실전 시뮬레이션을 통하여 적절한 경비 조치 그리고 상정 외의 사안에 대응하기 위한 냉정함을 양성한다.
4. 무선 관제에 숙달. 경비실시 결과보고로서 이벤트 경비가 종결된다

경찰 · 소방기관과의 연계 활동

1. 이벤트 관계정보 공개 ~ 제3장 1
   각 조직이 입수한 이벤트 관계 정보를 적극적 공개
2. 업무분담의 명확화 및 연계활동
   권한이 다른 조직 간 업무분담 그리고 동일 목적으로 활동 연계
3. 운영본부 레이아웃
   정보 교환 및 신속한 경비조치 판단 협의를 할 수 있는 레이아웃
4. 환자 구급조치 사례
   * 구급 포인트의 설정 *소방 · 의료팀과 연계 활동

이벤트의 적절한 경비 관리 방법 및 과학적인 경비 방법

1. 주최자 · 이벤트 기획 회사의 적절한 경비관리 방법 ~ 제4장1
   * 경비업 법과 컴플라이언스 · 경비업자 선별의 기초
   * 적절한 경비관리 체크리스트를 제시 (붙임자료 2)
2. 경비용 기구를 활용하는 과학적 경비 방법
   * 감시 카메라 · SNS를 활용하는 군집원격유도 방법
   * 군집계수 창치를 활용하여 방문자 실태 파악 등 과학적 방법 검토
   사례 ~ 아이치 만국 박람회에서 방문자 집약 방법 및 활용
3. 이벤트 개최 및 대지진 관련 고찰 ~ 제5장
4. 이벤트 각 전문분야 검토~ 제6장
5. 이벤트 기획 회사의 경비원 지도 교육 책임자 역할

그림85. 이벤트 안전을 위한 기본적인 방법

혼잡사고 발생 시의 기본적인 대응

기본적인 대응 방법	항 목
1. 위기관리 계획 상정	1. 조직 구성 2. 위기관리에서 정하는 기본적인 사항 3. 정보 수집 및 집약 방식 4. 위기관리 회의 조직 예시
2. 구체적인 활동 요령	1. 혼잡사고 발생 인지 방법 2. 위기관리 관련 기관 소집 3. 구체적인 임무분담지정 및 활동개시

그림86. 혼잡사고 발생 시의 기본적인 대응 방안

참고문헌

(1) 貝辻正利, 雑踏事故要因である大規模イベントでの高密度群集滞留の発生防止に関する研究, 神戸大学博士論文, 2012

(2) 貝辻正利 「イベント警備実務のＡＢＣ」, 日経ＢＰ, 2003

저　　자

■貝辻正利 (카이츠지 마사토시)

일본 고베대학교 공학박사
현, 고베대학교 도시안전연구센터 특별연구원, 시큐리티 어드바이자 대표,
이벤트학회 · 지역안전학회 회원

역　　자

■박 남 권

일본 고베대학교 공학박사(도시방재)
현, 서울시의회 도시안전건설위원회 입법조사관
저서: 시큐리티의 이해와 실무, 경찰공제회 등
논문: 경호경비계획을 위한 사무용 고층건축물의 피난안전성평가에 관한 연구 등 다수

■김 태 환

일본 요코하마국립대학교 공학박사(도시방재)
현, 용인대학교 경호학과 교수, 특수재난연구소 소장, 한국재난정보학회 총무부회장, 국토부 · 국방부 · 교육부 · 국민안전처 자문위원 등
저서: 재난관리론, 방재학, 도시안전 도서출판 진영사 등 다수
논문: 재난안전기술 성능인증과 BCMS 인증 비교연구 등 다수

■윤 명 오

일본 동경대학교 공학박사(공간방재)
현, 서울시립대학교 재난과학과 · 방재공학과 · 건축공학과 교수, 동 대학교 도시방재안전연구소장, 대통령직속 규제개혁위원회 위원, (사)생활안전연합 공동대표
역서: 리스크학 사전, 2002 피난안전검증법의 해설 및 계산식과 계산 예
논문: 대규모 국제행사장의 경호경비계획에 관한 연구(인천 아시안게임 K경기장의 피난안전성 평가를 중심으로) 등 다수